全过程工程咨询丛书

全过程工程咨询
施工阶段

张江波 徐旭东 郭嘉祯 潘敏
———————— 主编 ————————

化学工业出版社

·北京·

内 容 简 介

《全过程工程咨询施工阶段》是"全过程工程咨询丛书"的第6册，本书在编写过程中立足于以指导实际工作为编写原则，强调工程建设的实践应用，提高本书的可参考性和可操作性。施工阶段项目管理的内容取决于项目管理的目的、对象和手段，其内容包括：项目管理，通过进度、质量、安全、成本等诸方面的控制和管理，来实现预期的工期、质量、安全、成本等目标；管理手段，施工项目的管理手段包括施工项目管理规划，如项目管理规划大纲、项目管理实施规划、合同管理、信息管理、施工项目现场管理、组织协调、竣工验收、质量保修、考核评价、售后服务、定期回访等；管理对象，对人力资源、技术、资金、材料、设备等诸多生产要素进行合理的管理，实现生产诸要素的优化配置与动态控制。

本书可供建设单位、咨询单位、设计单位、施工单位、监理单位、造价咨询单位、运维管理单位的从业人员及相关专业高校教师、学生参考和使用。还可供对工程管理感兴趣的读者阅读和参考。

图书在版编目（CIP）数据

全过程工程咨询施工阶段/张江波等主编.—北京：化学工业出版社，2021.12
（全过程工程咨询丛书）
ISBN 978-7-122-40039-0

Ⅰ.①全… Ⅱ.①张… Ⅲ.①建筑工程-咨询服务
Ⅳ.①F407.9

中国版本图书馆CIP数据核字（2021）第203705号

责任编辑：吕佳丽　邢启壮　　　　　装帧设计：王晓宇
责任校对：宋　玮

出版发行：化学工业出版社（北京市东城区青年湖南街13号　邮政编码100011）
印　　装：北京科印技术咨询服务有限公司数码印刷分部
787mm×1092mm　1/16　印张10¼　字数224千字　2022年1月北京第1版第1次印刷

购书咨询：010-64518888　　　　　　售后服务：010-64518899
网　　址：http://www.cip.com.cn
凡购买本书，如有缺损质量问题，本社销售中心负责调换。

定　价：69.00元　　　　　　　　　　　　　　　　　　版权所有　违者必究

丛书编写委员会名单

主　　　任	张江波　王宏毅
副 主 任	杨明宇　谢向荣　顿志林　潘　敏　杨明芬　刘仁轩
	郭嘉祯　白　祯　王孝云　杨宝昆　王瑞镛　铁小辉
主　　　审	韩光耀　上海同济工程咨询有限公司　专家委员会主任
	谭光伟　江西中煤勘察设计总院有限公司　董事长
	顾　靖　浙江上嘉建设有限公司　总工程师
主 任 单 位	中新创达咨询有限公司
	汉宁天际工程咨询有限公司
	晨越建设项目管理集团股份有限公司
	四川开元工程项目管理咨询有限公司
	金中证项目管理有限公司
副主任单位	长江勘测规划设计研究有限责任公司
	中国通信建设集团设计院有限公司
	深圳市昊源建设监理有限公司
	卓信工程咨询有限公司
	中建卓越建设管理有限公司
	泰禾云工程咨询有限公司
	中精信工程技术有限公司
	河南省全过程建设咨询有限公司
	山东德勤招标评估造价咨询有限公司
	云南云岭工程造价咨询有限公司
	江苏启越工程管理有限公司
	浙江中诚工程咨询有限公司
	鲁班软件股份有限公司
	河南理工大学
	青岛理工大学
	西安欧亚学院
	河北建筑工程学院

本书编写人员名单

主　　编： 张江波　汉宁天际工程咨询有限公司　总经理
　　　　　　徐旭东　晨越建设项目管理集团有限公司　副总经理
　　　　　　郭嘉祯　中建卓越建设管理有限公司　总裁
　　　　　　潘　敏　四川开元工程项目管理咨询有限公司　董事长
副主编： 柳长波　高申工程咨询（上海）有限公司
　　　　　　杨永卿　河南四建股份有限公司
　　　　　　何　勇　晨越建设项目管理集团有限公司
　　　　　　曹景远　河南远景工程监理有限公司
　　　　　　李诗强　四川开元工程项目管理咨询有限公司
　　　　　　张振光　上海公路桥梁（集团）有限公司
参　　编： 吴　韬　晨越建设项目管理集团股份有限公司
　　　　　　刘洪波　中建卓越建设管理有限公司
　　　　　　郑正申　上海承家建筑装饰工程有限公司
　　　　　　张炳瑞　中资锐诚工程项目管理有限公司
　　　　　　赵克俭　中国建筑设计咨询有限公司

丛书序

2017年2月国务院办公厅发布的《关于促进建筑业持续健康发展的意见》（国办发〔2017〕19号）要求：培育全过程工程咨询。鼓励投资咨询、勘察、设计、监理、招标代理、造价等企业采取联合经营、并购重组等方式发展全过程工程咨询，培育一批具有国际水平的全过程工程咨询企业。制定全过程工程咨询服务技术标准和合同范本。政府投资工程应带头推行全过程工程咨询，鼓励非政府投资工程委托全过程工程咨询服务。在民用建筑项目中，充分发挥建筑师的主导作用，鼓励提供全过程工程咨询服务。

自2018年以来，各级部门通过招标网站发布的全过程工程咨询项目累计超过300个，上海同济工程咨询有限公司中标的"乌梁素海流域山水林田湖草生态保护修复试点工程项目全过程工程咨询服务"中标咨询费为3.7亿元，上海建科、上海同济、浙江江南、中冶赛迪、北京双圆、晨越建管等公司纷纷拿下咨询费用超过1亿元（或接近1亿元）的咨询项目。

我们深刻认识到全过程工程咨询是我国工程咨询业改革的重要举措，是我国工程建设管理模式的一次革命性创举，为此国家发展改革委和住房城乡建设部2019年3月15日推出《关于推进全过程工程咨询服务发展的指导意见》（发改投资规〔2019〕515号），明确全过程工程咨询分为投资决策综合性咨询和工程建设全过程咨询，要求充分认识推进全过程工程咨询服务发展的意义，以投资决策综合性咨询促进投资决策科学化，以全过程咨询推动完善工程建设组织模式，鼓励多种形式的全过程工程咨询服务市场化发展，优化全过程工程咨询服务市场环境，强化保障措施。

2019年10月14日山东省住房和城乡建设厅与山东省发展和改革委员会推出《关于在房屋建筑和市政工程领域加快推行全过程工程咨询服务的指导意见》（鲁建建管字〔2019〕19号），要求：政府投资和国有资金投资的项目原则上实行全过程工程咨询服务。这是全国第一个有强制性要求的全过程工程咨询指导意见，大力推进了山东省开展全过程工程咨询的力度，具有良好的示范效应。

2020年5月6日吉林省住房和城乡建设厅与吉林省发展和改革委员会《关于在房屋建筑和市政基础设施工程领域加快推行全过程工程咨询服务的通知》（吉建联发〔2020〕20号），要求：政府投资工程原则上实行全过程工程咨询服务，鼓励非政府投资工程积极采用全过程工程咨询服务。

2020年6月16日湖南省住房和城乡建设厅《关于推进全过程工程咨询发展的实施意见》（湘建设〔2020〕91号），要求：2020年，政府投资、国有资金投资新建项目全面推广全过程工程咨询；2021年，政府投资、国有资金投资新建项目全面采用全过程工程咨询，社会投资新建项目逐步采用全过程工程咨询；2025年，新建项目采用全过程工程咨询的比例达到70%以上，全过程工程咨询成为前期工作的主流模式，培育一批具有国际竞争力的工程咨询企业，培养与全过程工程咨询发展相适应的综合型、复合型人才队伍。

越来越多的省、市、自治区、直辖市在各地区推进全过程工程咨询的指导意见、实施意见中采用"原则上"等术语来要求政府投资项目全面采用全过程工程咨询的模式开展咨询服务工作。

从国家到地方，各级政府都在大力推进全过程工程咨询，而目前国内专业的全过程工程咨询类人才却十分匮乏。各建设单位、工程咨询、工程设计等企业目前已经开始在为自己储备专业性技术人员。全过程工程咨询并非简单地把传统的设计、监理、造价、招标代理、BIM建模等业务进行叠加，而是需要站在业主的角度对项目建设的全过程进行组织重塑和流程再造，以项目管理为主线、以设计为龙头、以BIM为载体，将传统做法中的多个流程整合为一个流程，在项目起始阶段尽早定义，提高项目管理效率，优化项目结构，大幅降低建造和咨询成本，驱动建筑业升级转型。

在张江波先生的带领下，来自企业、高校近200位专家、学者，历时三年的时间完成了对全过程工程咨询领域的共性问题、关键技术和主要应用的探索和研究，融合项目实践经验，编写出本套系统指导行业发展及实际操作的系列丛书，具有十分深远的意义。本套丛书凝聚了享有盛誉的知名行业专家的群体智慧，呈现并解决目前正在开展全过程工程咨询项目或已完成的全过程工程咨询项目在实施过程中出现的各种问题。

丛书紧扣当前行业的发展现状，围绕全过程工程咨询的六大阶段、十大传统咨询业务形态的融合，实现信息集成、技术集成、管理集成与组织集成的目标，总结和梳理了全过程工程咨询各阶段需要解决的关键问题及解决方法。丛书共有十个分册，分别是《全过程工程咨询实施导则》《全过程工程咨询总体策划》《全过程工程咨询项目管理》《全过程工程咨询决策阶段》《全过程工程咨询设计阶段》《全过程工程咨询施工阶段》《全过程工程咨询竣工阶段》《全过程工程咨询运维阶段》《全过程工程咨询投资管控》《全过程工程咨询信息管理》。相较于传统图书，本套丛书主要围绕以下五个方面进行编写：

（1）强调各阶段、各种传统咨询服务的融合，实现无缝隙且非分离的综合型咨询服务，是传统咨询的融合而非各类咨询服务的总包；

（2）强调集成与协同，在信息集成、技术集成、管理集成、组织集成的四个不同层面，完成从数据—信息—知识—资产的升级与迭代，在集成的基础上完成各项服务的协同作业；

（3）强调全过程风险管理，识别各阶段各业务类型的各种风险源，利用风险管理技术手段，有效规避和排除风险；

（4）强调"前策划、后评估"，重视在前期的总体策划，将全过程实施中足够丰富、准确的信息体现在设计文件、实施方案中，在后期实施时，采用"全过程工程咨询评价模型"来评估实施效果，用"全过程工程咨询企业能力评估模型"来评估企业的相关能力；

（5）强调与建筑行业市场化改革发展相结合的方针，将"全过程工程咨询"作为建筑行业技术服务整合交付的一种工程模式。

丛书内容全面，涉及工程从策划建设到运营管理的全过程，在组织模式上进行了较强的创新，体现出咨询服务的综合性和实用性，反映了全过程工程咨询的全貌，文字深入浅出，简洁明了，系统介绍了工程各阶段所需完成的任务及完成策略、方法、技术、工具，能为读者从不同应用范围、不同阶段及技术等角度了解全过程工程咨询提供很好的帮助，具有很高的指导意义和应用价值，必将对推动我国建筑行业的发展起到积极的作用。希望本丛书的出版，能够使建筑行业工作者系统掌握本领域的发展现状和未来发展，在重大工程的建设方面提供理论支撑和技术指导。

由于编者水平有限，书中不当之处在所难免，恳请读者与专家批评指正。

丛书主任：张汀波 王宏毅

2021 年 7 月

丛书前言

为深入贯彻习近平新时代中国特色社会主义思想和党的十九大精神，深化工程领域咨询服务供给侧结构性改革，破解工程咨询市场供需矛盾，必须完善政策措施，创新咨询服务组织实施方式，大力发展以市场需求为导向、满足委托方多样化需求的全过程工程咨询服务模式。《国家发展改革委 住房城乡建设部关于推进全过程工程咨询服务发展的指导意见》（发改投资规〔2019〕515号）提出为深化投融资体制改革，提升固定资产投资决策科学化水平，进一步完善工程建设组织模式，提高投资效益、工程建设质量和运营效率，根据中央城市工作会议精神及《中共中央国务院关于深化投融资体制改革的意见》（中发〔2016〕18号）、《国务院办公厅关于促进建筑业持续健康发展的意见》（国办发〔2017〕19号）等要求，对房屋建筑和市政基础设施领域推进全过程工程咨询服务发展给出指导意见。意见指出要遵循项目周期规律和建设程序的客观要求，在项目决策和建设实施两个阶段，着力破除制度性障碍，重点培育发展投资决策综合性咨询和工程建设全过程咨询，为固定资产投资及工程建设活动提供高质量智力技术服务，全面提升投资效益、工程建设质量和运营效率，推动高质量发展。

作为供给体系的重要组成部分，固定资产投资及建设的质量和效率显著影响着供给体系的质量和效率。工程咨询业在提升固定资产投资及建设的质量和效率方面发挥着不可替代的作用。从项目前期策划、投资分析、勘察设计，到建设期间的工程管理、造价控制、招标采购，到竣工后运维期间的设施管理，均需要工程咨询企业为业主方提供有价值的专业服务。但传统工程咨询模式中各业务模块分割，信息流断裂，碎片化咨询的弊病一直为业主方所诟病，"都负责、都不负责"的怪圈常使业主方陷入被动。传统工程咨询模式已不能适应固定资产投资及建设对效率提升的要求，更无法适应"一带一路"建设对国际化工程咨询企业的要求。2017年2月，《国务院办公厅关于促进建筑业持续健康发展的意见》（国办发〔2017〕19号）文件明确提出"培育全过程工程咨询"，鼓励投资咨询、勘察、设计、监理、招标代理、造价等企业采取联合经营、并购重组等方式发展全过程工程咨询，培育一批具有国际水平的全过程工程咨询企业。同时，要求政府投资工程带头推行全过程工程咨询，并鼓励非政府投资项目和民用建筑项目积极参与。

在国家和行业的顶层设计下，全过程工程咨询已成为工程咨询业转型升级的大方向，如何深入分析业主方痛点，为业主方提供现实有价值的全过程咨询服务，是每一个工程咨询企业都需要深入思考的问题。与此同时，咨询企业应借助国家政策，谋划升级转型，增强综合实力，培养优秀人才，加快与国际先进的建设管理服务接轨，更好地服务于"一带一路"倡议。全过程工程咨询是我国工程建设领域的一次具有革命性意义的重大举措，它是建筑工程领域供给侧改革、中国工程建设领域持续健康发展的重要抓手，影响着我国工程建设领域的未来发展。

在全面推进全过程工程咨询的历史时刻，上海汉宁建筑科技有限公司董事长张江波先生与晨越建设项目管理集团股份有限公司董事长王宏毅先生于2018年5月份经过两次深入的交流，决定利用双方在工程咨询领域长期的理论与实践探索，出版一套能够指导行业发展的丛书，这便有了这套"全过程工程咨询丛书"。编写这套丛书的意义在于从行业和产业政策出发，抓住长期影响中国工程建设的"慢变量"，能够从理论和实践两个层面共同破除对全过程工程咨询的诸多误解，引导更多的从业者在正确的理论和方法指引下、在工程实践案例的指导下更好地开展全过程工程咨询。

本书从2018年7月份启动编写，编写过程中邀请了来自全国各地200多位专家学者共同参与到这套丛书的编写与审核，参与者们都是来自工程咨询一线、具有丰富的理论知识和实践经验的专家，经过将近一年时间的写作和审核，形成了一整套共10个分册的书稿。编写委员会希望本丛书能够成为影响全过程工程咨询领域开展咨询工作的标杆性文件和标准化手册，指引我国工程咨询领域朝着持续、健康方向的发展。

感谢编委会全体成员以及支持编写工作的领导、同仁和朋友们在本书写作、审核、出版过程中给予的关心，正是你们的支持才让本书的论述更加清晰、有条理，内容才能更加丰富、多元。

由于图书编写工作量十分巨大，时间比较紧张，难免有不足之处，欢迎广大读者予以指正。

前 言

在工程建设项目全生命周期中，施工阶段是耗时最长、涉及专业最广、参与人数最多、投入资金量最大、对质量要求最高、对安全管理最严的阶段。"全过程工程咨询丛书"第六分册——《全过程工程咨询施工阶段》站在全过程工程咨询机构的角度，融合了建设单位（业主）的"管"以及监理企业的"做"，体现了全过程工程咨询模式"1+N""管+做"的特点，以全过程工程咨询企业的视角以及全生命周期管控、为业主服务的思想，阐述施工阶段的全过程工程咨询管理。本分册重点介绍了工程施工阶段的质量管理、进度管理、合同管理、安全生产管理、环境管理、风险管理、沟通管理、成果文件、新技术应用等内容，并辅以案例分析。为避免内容重复，施工阶段投资管理内容未在本册体现，请读者参照《全过程工程咨询投资管控》。

《全过程工程咨询施工阶段》突出实践应用与可操作性，突出以建设单位为本位管控的思想，注重紧密结合项目施工阶段实际，努力做到深入浅出，文字通俗易懂，内容精练，坚持为全过程工程咨询企业及从业人员的定位，侧重工程项目施工阶段的全面控制。本书编制过程中注意四个结合，即与实践相结合、与现行工程建设标准相结合、与现行法律法规相结合、与我国工程建设行业通用做法相结合，注重科学性与政策性。本书可作为全过程工程咨询施工阶段管理的指南，亦可作为工程咨询人员自我提升的参考书。

全书共11章，具体分工如下：

张江波、徐旭东、郭嘉祯、潘敏主编并负责统稿，柳长波、杨永卿、何勇、曹景远、李诗强、张振光担任副主编。编写工作分别由徐旭东主持编写第1、2、3章，张江波主持编写第4、5、6章，郭嘉祯主持编写第7、8章，潘敏主持编写第9、10、11章，柳长波参与第1、2章编写，杨永卿参与第3、4章编写，何勇参与第5、6章编写，曹景远参与第7、8章编写，李诗强参与第9、10章编写，张振光参与第11章编写。吴滔、刘洪波、郑正申、张炳瑞、赵克俭等人参与了资料收集和过程编写，提出了宝贵意见，对编写工作有很大的帮助。

本书较为系统地介绍了全过程工程咨询施工阶段所需开展的工作及工作程序，供大家在工作中借鉴参考。由于编者水平有限，书中的不足之处在所难免，恳请读者与专家批评指正。

编者

2021年8月

目 录

第1章 全过程工程咨询施工阶段管理概论　　001

1.1　全过程工程咨询施工阶段管理的概念　　001

1.2　全过程工程咨询施工阶段管理服务内容　　001

　　1.2.1　咨询规划　　001

　　1.2.2　采购管理　　002

　　1.2.3　合同管理　　003

　　1.2.4　进度管理　　004

　　1.2.5　质量管理　　005

　　1.2.6　成本管理　　006

　　1.2.7　安全生产管理　　007

　　1.2.8　绿色建造与环境管理　　008

　　1.2.9　信息与知识管理　　009

　　1.2.10　沟通管理　　010

　　1.2.11　风险管理　　011

1.3　全过程工程咨询施工管理服务团队　　012

　　1.3.1　全过程工程咨询服务机构的框架结构　　012

　　1.3.2　全过程工程咨询服务机构总负责人　　013

　　1.3.3　全过程工程咨询施工阶段管理的专业咨询工程师及咨询工程师助理　　014

第2章 全过程工程咨询施工阶段质量管理　　015

2.1　施工阶段质量控制概述　　015

　　2.1.1　施工阶段工程质量控制的概念　　015

　　2.1.2　施工质量控制的内容　　015

2.1.3 施工阶段投资人、全过程工程咨询单位、承建人的
　　　　 质量责任和义务　　　　　　　　　　　　　　　016
　　2.1.4 质量管理体系与质量保证体系　　　　　　　　　017
　　2.1.5 卓越绩效模式　　　　　　　　　　　　　　　　017
　　2.1.6 施工质量管理的原理（PDCA 循环）　　　　　　 019
　　2.1.7 全面质量管理　　　　　　　　　　　　　　　　019
　　2.1.8 施工质量管理的阶段划分　　　　　　　　　　　020
　　2.1.9 施工质量管理的依据　　　　　　　　　　　　　021
2.2 施工准备期的质量管理　　　　　　　　　　　　　　　021
　　2.2.1 施工准备期质量管理的内容　　　　　　　　　　021
　　2.2.2 项目质量计划编制的依据、要求和内容　　　　　021
2.3 施工过程中的质量管理　　　　　　　　　　　　　　　022
　　2.3.1 作业技术准备状态的管理　　　　　　　　　　　022
　　2.3.2 作业技术活动运行过程的管理　　　　　　　　　022
　　2.3.3 作业技术活动结果的管理　　　　　　　　　　　022
　　2.3.4 施工过程质量管理手段　　　　　　　　　　　　023
2.4 设备采购与制造安装的质量管理　　　　　　　　　　　023
　　2.4.1 设备招标采购的质量管理　　　　　　　　　　　023
　　2.4.2 设备制造安装的质量管理　　　　　　　　　　　023
2.5 工程质量缺陷与质量事故处理　　　　　　　　　　　　025
　　2.5.1 工程质量缺陷　　　　　　　　　　　　　　　　025
　　2.5.2 工程质量事故　　　　　　　　　　　　　　　　025

第 3 章　全过程工程咨询施工阶段进度管理　　　　　　　027

3.1 施工进度管理概述　　　　　　　　　　　　　　　　　027
　　3.1.1 施工进度管理的概念　　　　　　　　　　　　　027
　　3.1.2 影响施工进度的主要因素　　　　　　　　　　　027
　　3.1.3 施工进度管理的主要内容　　　　　　　　　　　028
　　3.1.4 施工进度管理的主要方法和措施　　　　　　　　028
3.2 施工准备期的进度管理　　　　　　　　　　　　　　　029
　　3.2.1 施工合同工期约定的内容　　　　　　　　　　　029
　　3.2.2 协助投资人办理开工手续　　　　　　　　　　　030
　　3.2.3 制定施工进度计划和施工进度目标　　　　　　　030
　　3.2.4 审批承建人的施工进度计划　　　　　　　　　　031

3.2.5　开工令的下达或协助投资人办理延期开工手续　031
3.3　施工安装期的进度管理　031
　　　3.3.1　检查与督促施工进度计划　031
　　　3.3.2　签发暂停施工令　032
　　　3.3.3　处理工期延误和工程延期　032
3.4　施工期工期补偿管理　032
3.5　进度计划执行分析　033

第4章　全过程工程咨询施工阶段合同管理　034

4.1　施工阶段合同管理概述　034
　　　4.1.1　合同的概念　034
　　　4.1.2　建设项目合同管理的概念　034
　　　4.1.3　建设项目合同管理的作用　034
　　　4.1.4　建设项目合同管理的主要方法　036
4.2　全过程工程咨询施工阶段的履约管理　037
　　　4.2.1　概述　037
　　　4.2.2　施工合同条款分析　037
　　　4.2.3　实施控制　040
　　　4.2.4　变更管理　041
4.3　建设工程施工合同管理　042
4.4　设备和材料采购合同管理　043
　　　4.4.1　设备和材料采购合同的主要内容　043
　　　4.4.2　成套设备采购合同的主要内容　045
　　　4.4.3　设备和材料采购合同管理中咨询人的主要职责　046
4.5　施工合同的跟踪与诊断　047
4.6　合同的完善与补充　047

第5章　全过程工程咨询施工阶段的安全生产管理　049

5.1　工程施工安全生产管理　049
　　　5.1.1　施工安全生产管理的概念和特点　049
　　　5.1.2　施工安全生产管理的程序和基本要求　050
　　　5.1.3　咨询工程师施工安全生产管理的内容　051
　　　5.1.4　咨询工程师施工安全生产管理的巡视检查　052
　　　5.1.5　咨询工程师施工安全生产管理的责任　053

5.1.6　施工安全生产管理文件的编制　　055
5.2　工程施工生产应急响应与事故处理　　056
　　5.2.1　生产安全事故的分类　　056
　　5.2.2　生产安全事故的处理原则　　057
　　5.2.3　生产安全事故处理的程序　　057
　　5.2.4　生产安全事故上报程序　　057
　　5.2.5　生产安全事故上报文件的编制　　059
　　5.2.6　生产安全事故的应急救援　　059
　　5.2.7　生产安全事故的调查　　059
　　5.2.8　生产安全事故的处理规定　　060
　　5.2.9　生产安全事故法律责任　　061
5.3　施工阶段安全生产管理评价　　061
　　5.3.1　施工阶段安全生产管理评价的计划　　061
　　5.3.2　施工阶段安全生产管理评价的内容　　062

第 6 章　全过程工程咨询施工阶段的环境管理　　063

6.1　施工阶段环境管理概述　　063
6.2　ISO14001 环境管理体系　　063
6.3　建筑工程安全防护、文明施工措施费用及使用管理规定　　064
6.4　建设项目文明施工　　066
　　6.4.1　建设项目文明施工概述　　066
　　6.4.2　文明施工体系控制　　066
6.5　建设项目施工现场环境保护　　067
　　6.5.1　防止大气污染措施　　067
　　6.5.2　施工噪声控制措施　　068
　　6.5.3　生态保护措施　　068
　　6.5.4　水污染控制措施　　068
　　6.5.5　固体废物处理　　068
　　6.5.6　建筑工地扬尘治理相关要求　　069

第 7 章　全过程工程咨询施工阶段风险管理　　072

7.1　施工阶段风险管理概述　　072
7.2　施工现场风险源识别　　072
　　7.2.1　建设工程项目的风险类型　　072

		7.2.2	项目风险管理的工作流程	073

      7.2.2　项目风险管理的工作流程　073
      7.2.3　施工现场风险源识别过程　074
      7.2.4　项目风险的监控　074
      7.2.5　风险评价与分配　076
      7.2.6　风险控制方法　077
      7.2.7　项目风险对策流程　078
  7.3　项目风险的应对措施　078
      7.3.1　监控和预警　078
      7.3.2　风险回避　079
      7.3.3　损失控制　079
      7.3.4　风险转移　080
      7.3.5　加强风险意识的教育　080
      7.3.6　施工过程中的风险及防范对策　080
  7.4　施工现场应急管理　082
      7.4.1　应急预案　082
      7.4.2　应急预案的管理　086

第8章　全过程工程咨询施工阶段沟通管理　087

  8.1　概述　087
      8.1.1　沟通的概念　087
      8.1.2　沟通的对象　088
      8.1.3　沟通的要素　088
  8.2　施工阶段沟通管理计划　089
      8.2.1　施工阶段沟通管理的概述　089
      8.2.2　施工阶段沟通管理计划的主要内容　092
      8.2.3　施工阶段沟通管理相关方需求识别与评估　093
      8.2.4　施工阶段沟通管理编写计划编写要求　094
  8.3　施工阶段沟通管理的沟通程序与方式　094
      8.3.1　施工阶段沟通管理的沟通程序　094
      8.3.2　施工阶段沟通管理的沟通方式　096
  8.4　施工阶段的有效沟通　098
      8.4.1　沟通障碍　098
      8.4.2　沟通障碍的分析及处理　098
      8.4.3　有效沟通的技巧　100

8.5 施工阶段沟通管理的冲突管理　100
 8.5.1 冲突概述　100
 8.5.2 全过程工程咨询施工阶段沟通管理的冲突管理　102

第9章　全过程工程咨询施工阶段管理成果文件　103

9.1 概述　103
9.2 咨询规划　104
 9.2.1 咨询规划的概念　104
 9.2.2 咨询规划的作用　104
 9.2.3 咨询规划的编写依据　104
 9.2.4 咨询规划的编制要求　105
 9.2.5 咨询规划的内容　106
9.3 咨询实施细则　106
 9.3.1 咨询实施细则的概念　106
 9.3.2 咨询实施细则的内容　106
 9.3.3 咨询实施细则的编写要求　107
9.4 咨询日志、会议纪要和咨询月报　107
 9.4.1 咨询日志　107
 9.4.2 咨询会议纪要　107
 9.4.3 咨询月报　108
9.5 单位工程质量评估报告　109
 9.5.1 单位工程质量评估报告的概念　109
 9.5.2 单位工程质量评估报告的编写要求　109
9.6 咨询工作总结　110
 9.6.1 咨询工作总结报告的概念　110
 9.6.2 咨询工作总结报告的编制要求　110
9.7 全过程工程咨询施工阶段管理成果文件归档　110

第10章　全过程工程咨询施工阶段新技术应用　111

10.1 绿色建造技术　111
 10.1.1 绿色建造概念　111
 10.1.2 绿色建造技术　112
10.2 装配式建筑咨询管理　117
 10.2.1 装配式建筑发展概况　117

10.2.2	装配式建筑与绿色建筑的关系	117
10.2.3	装配式建筑缺点与我国推进装配式建筑难点	118
10.2.4	装配式建筑咨询工作特殊性	120
10.2.5	装配式建筑咨询工作主要内容	121
10.2.6	全过程工程咨询服务机构应具备的条件	121
10.2.7	全过程工程咨询服务总负责人和咨询人员应掌握的装配式建筑知识	122
10.2.8	图纸会审与技术交底	122
10.2.9	装配式建筑驻厂咨询管理	123
10.2.10	全过程工程咨询服务机构对装配式建筑管控的要求	124
10.2.11	工程质量控制	125
10.2.12	工程进度控制	125
10.2.13	工程造价控制	126
10.2.14	工程安全生产管理的咨询工作	126
10.2.15	工程咨询文件资料管理	127

10.3 智慧工地　　128
 10.3.1 智慧工地的作用　　128
 10.3.2 智慧工地的技术应用　　128

第 11 章　基于技术选型的全过程工程咨询施工阶段案例　　131

11.1 项目建设内容及背景　　131
11.2 项目施工过程管理难点分析　　133
11.3 施工阶段质量管控措施　　134
 11.3.1 项目生产要素质量管理措施　　134
 11.3.2 工程实体质量管理措施　　135
 11.3.3 基础方案选型示例　　135
11.4 施工阶段进度管控措施　　139
11.5 施工阶段质量管控和进度管控平衡措施　　141

参考文献　　144

第1章 全过程工程咨询施工阶段管理概论

1.1 全过程工程咨询施工阶段管理的概念

建设项目施工阶段是根据前期设计、发承包阶段所确定下来的设计图纸、技术要求、招投标文件、施工合同的约定以及其他规定对项目施工进行建设施工的阶段,同时也是施工阶段管理周期中工作量最大,投入的人力、物力及财力最多和管理难度最大的阶段。

1.2 全过程工程咨询施工阶段管理服务内容

全过程工程咨询施工阶段管理服务的内容包括咨询规划、采购管理、合同管理、进度管理、质量管理、成本管理、安全生产管理、绿色建造与环境管理、信息与知识管理、沟通管理、风险管理等。

1.2.1 咨询规划

咨询规划应由咨询实施规划和咨询配套策划组成。全过程工程咨询服务机构应建立咨询规划的管理制度,确定咨询规划的管理职责、实施程序和控制要求。

咨询规划应包括分析、确定施工阶段管理的内容与范围,协调、研究形成施工阶段管理规划结果,检查、监督、评价施工阶段管理规划过程,履行其他确保施工阶段管理规划的规定责任等。

咨询管理规划应遵循的程序为识别施工阶段管理范围;进行项目施工工作分解;确定项目施工的实施方法;规定项目施工需要的各种资源;测算项目施工成本;对各个施工阶段管

理过程进行策划。

1.2.2 采购管理

（1）一般规定　全过程工程咨询服务机构应建立采购管理制度，确定采购管理流程和实施方式，规定管理与控制的程序和方法。

采购工作应符合有关合同、设计文件所规定的技术、质量和服务标准，符合进度、安全、环境和成本管理要求。招标采购应确保实施过程符合法律、法规和经营的要求。

（2）采购计划　全过程工程咨询服务机构应根据项目施工立项报告、工程合同、设计文件、施工阶段管理实施规划和采购管理制度来编制采购计划。采购计划应包括采购工作范围、内容及管理标准；采购信息，包括产品或服务的数量、技术标准和质量规范；检验方式和标准；供方资质审查要求；采购控制目标及措施。

采购计划应经过相关部门审核，并经授权人批准后实施。必要时，采购计划应按规定进行变更。

采购过程应按法律、法规和规定程序，依据工程合同需求采用招标、询价或其他方式实施。符合公开招标规定的采购过程应按相关要求进行控制。

全过程工程咨询服务机构应确保采购控制目标的实现，对供方相关条件进行有关技术和商务评审，包括：经营许可、企业资质；相关业绩与社会信誉；人员素质和技术管理能力；质量要求与价格水平。

全过程工程咨询服务机构应制定供方选择、评审和重新评审的准则。评审记录应予以保存。

全过程工程咨询服务机构应对特殊产品和服务的供方进行实地考察并采取措施进行重点监控，实地考察应包括生产或服务能力、现场控制结果、相关风险评估。

承压产品、有毒有害产品和重要设备采购前，全过程工程咨询服务机构应要求供方提供下列证明文件：有效的安全资质、生产许可证、其他相关要求的证明文件。

全过程工程咨询服务机构应按工程合同的约定和需要，订立采购合同或规定相关要求。采购合同或相关要求应明确双方责任、权限、范围和风险，并经全过程工程咨询服务机构授权人员审核批准，确保采购合同或要求内容的合法性。

全过程工程咨询服务机构应依据采购合同或相关要求对供方的相关生产和服务条件进行确认，包括：供方相关人员的数量、资格，主要材料、设备、构配件、生产机具与设施。

供方项目施工实施前，全过程工程咨询服务机构应对供方进行相关要求的沟通或交底，确认或审批供方编制的生产或服务方案。全过程工程咨询服务机构应对供方的生产或服务过程进行监督管理，包括：实施合同的履约和服务水平；重要技术措施、质量控制、人员变动、材料验收、安全条件、污染防治。

采购产品的验收与控制应符合相关条件，包括：项目施工采用的设备、材料应经检验合格，满足设计及相关标准的要求；检验产品使用的计量器具、产品的取样和抽验应符合标准要求；进口产品应确保验收结果符合合同规定的质量标准，并按规定办理报关和商检手续；采购产品在检验、运输、移交和保管过程中，应避免对职业健康安全和环境产生负面影响；采购过程应按规定对产品和服务进行检验或验收，对不合格品或不符合规定的产品和服务，应依据合同和法规要求进行处置。

1.2.3 合同管理

全过程工程咨询服务机构应建立项目施工合同管理制度,明确合同管理责任,设立专门机构或人员负责合同管理工作。

全过程工程咨询服务机构应配备符合要求的项目施工合同管理人员,实施合同的策划和编制活动,规范项目施工合同管理的实施程序和控制要求,确保合同订立和履行过程的合规性。

项目施工合同管理应遵循的程序,包括:合同评审、合同订立、合同实施计划、合同实施控制、合同管理总结。

严禁通过违法发包、转包、违法分包、挂靠方式订立和实施建设工程合同。

(1)合同评审 合同订立前,全过程工程咨询服务机构应进行合同评审,完成对合同条件的审查、认定和评估工作。以招标方式订立合同时,全过程工程咨询服务机构应对招标文件和投标文件进行审查、认定和评估。

合同评审应包括:合法性、合规性评审;合理性、可行性评审;合同严密性、完整性评审;与产品或过程有关要求的评审;合同风险评估。

合同内容涉及专利、专有技术或者著作权等知识产权时,应对其使用权的合法性进行审查。合同评审中发现的问题,应以书面形式提出,要求予以澄清或调整。全过程工程咨询服务机构应根据需要进行合同谈判,细化、完善、补充、修改或另行约定合同条款和内容。

(2)合同订立 全过程工程咨询服务机构应依据合同评审和谈判结果,按程序和规定订立合同。

合同订立应符合相关规定,包括:合同订立应是全过程工程咨询服务机构的真实意思表示;合同订立应采用书面形式,并符合相关资质管理与许可管理的规定;合同应由当事方的法定代表人或其授权的委托代理人签字或盖章;合同主体是法人或者其他全过程工程咨询服务机构时,应加盖单位印章;法律、行政法规规定需办理批准、登记手续后合同生效时,应依照规定办理;合同订立后应在规定期限内办理备案手续。

(3)合同实施计划 全过程工程咨询服务机构应规定合同实施工作程序,编制合同实施计划。合同实施计划应包括:合同实施总体安排;合同分解与分包策划;合同实施保证体系的建立。合同实施保证体系应与其他管理体系协调一致。

承包人应对其承接的合同作总体协调安排。承包人自行完成的工作及分包合同的内容,应在质量、资金、进度、管理架构、争议解决方式等方面符合总包合同的要求。分包合同实施应符合法律法规和全过程工程咨询服务机构有关合同管理制度的要求。

(4)合同实施控制 全过程工程咨询服务机构应按约定全面履行合同。

合同实施控制的日常工作应包括:合同交底;合同跟踪与诊断;合同完善与补充;信息反馈与协调;其他应自主完成的合同管理工作。

合同实施前,全过程工程咨询服务机构的合约主管部门应对全过程工程咨询服务机构的项目部人员进行合同交底。合同交底应包括:合同的主要内容;合同订立过程中的特殊问题及合同待定问题;合同实施计划及责任分配;合同实施的主要风险;其他应进行交底的合同事项。

全过程工程咨询服务机构应在合同实施过程定期进行合同跟踪和诊断。合同跟踪和诊断应符合相关要求，包括：对合同实施信息进行全面收集、分类处理，查找合同实施中的偏差；定期对合同实施中出现的偏差进行定性、定量分析，通报合同实施情况及存在的问题。

全过程工程咨询服务机构应根据合同实施偏差结果制定合同纠偏措施或方案，经授权人批准后实施。实施需要其他相关方配合时，全过程工程咨询服务机构应事先征得各相关方的认同，并在实施中协调一致。

全过程工程咨询服务机构应按规定实施合同变更的管理工作，将变更文件和要求传递至相关人员。合同变更应当符合相关条件，包括：变更的内容应符合合同约定或者法律法规规定；变更超过原设计标准或者批准规模时，应由全过程工程咨询服务机构按照规定程序办理变更审批手续；变更或变更异议的提出，应符合合同约定或者法律法规规定的程序和期限；变更应经全过程工程咨询服务机构或其授权人员签字或盖章后实施。变更对合同价格及工期有影响时，相应调整合同价格和工期。

全过程工程咨询服务机构应控制和管理合同中止行为。合同中止应按照相关方式处理，包括：合同中止履行前，应以书面形式通知对方并说明理由；因对方违约导致合同中止履行时，在对方提供适当担保时应恢复履行；中止履行后，对方在合理期限内未恢复履行能力并且未提供相应担保时，应报请全过程工程咨询服务机构决定是否解除合同；合同中止或恢复履行，如依法需要向有关行政主管机关报告或履行核验手续，应在规定的期限内履行相关手续；合同中止后不再恢复履行时，应根据合同约定或法律规定解除合同。

全过程工程咨询服务机构应按照规定实施合同索赔的管理工作。索赔应符合相关条件，包括：索赔应依据合同约定提出；合同没有约定或者约定不明时，按照法律法规规定提出；索赔应全面、完整地收集和整理索赔资料；索赔意向通知及索赔报告应按照约定或法定的程序和期限提出；索赔报告应说明索赔理由，提出索赔金额及工期。

合同实施过程中产生争议时，应按相应方式解决，包括：双方通过协商达成一致；请求第三方调解；按照合同约定申请仲裁或向人民法院起诉。

（5）合同管理总结　全过程工程咨询服务机构应进行项目施工合同管理评价，总结合同订立和执行过程中的经验和教训，提出总结报告。

合同总结报告应包括：合同订立情况评价；合同履行情况评价；合同管理工作评价；对本项目施工有重大影响的合同条款评价；其他经验和教训。

全过程工程咨询服务机构应根据合同总结报告确定项目施工合同管理改进需求，制定改进措施，完善合同管理制度，并按照规定保存合同总结报告。

1.2.4　进度管理

（1）一般规定　项目施工进度管理应遵循的程序为编制进度计划；进度计划交底，落实管理责任；实施进度计划；进行进度控制和变更管理。

（2）进度计划　全过程工程咨询服务机构应根据全过程工程咨询服务机构的控制性进度计划，编制项目施工的作业性进度计划。各类进度计划应包括：编制说明；进度安排；资源需求计划；进度保证措施。

编制进度计划应遵循的步骤为确定进度计划目标；进行工作结构分解与工作活动定义；确定工作之间的顺序关系；估算各项工作投入的资源；编制进度图（表）；编制资源需求计划；审批并发布。

编制进度计划根据需要选用的方法有里程碑表、工作量表、横道计划、网络计划。

项目施工进度计划应按有关规定经批准后实施。项目施工进度计划实施前，应由负责人向执行者交底、落实进度责任；进度计划执行者应制定实施计划的措施。

（3）进度控制　项目施工进度控制应遵循的步骤为熟悉进度计划的目标、顺序、步骤、数量、时间和技术要求；实施跟踪检查，进行数据记录与统计；将实际数据与计划目标对照，分析计划执行情况；采取纠偏措施，确保各项计划目标实现。

全过程工程咨询服务机构应按规定的统计周期，检查进度计划并保存相关记录。进度计划检查应包括：工作完成数量；工作时间的执行情况；工作顺序的执行情况；资源使用及其与进度计划的匹配情况；前次检查提出问题的整改情况。

进度计划检查后，全过程工程咨询服务机构应编制进度管理报告并向相关方发布。

（4）进度变更管理　全过程工程咨询服务机构应根据进度管理报告提供的信息，纠正进度计划执行中的偏差，对进度计划进行变更调整。

进度计划变更可包括：工程量或工作量；工作的起止时间；工作关系；资源供应。

全过程工程咨询服务机构应识别进度计划变更风险，并在进度计划变更前制定预防风险的措施：全过程工程咨询服务机构措施；技术措施；经济措施；沟通协调措施。

当采取措施后仍不能实现原目标时，全过程工程咨询服务机构应变更进度计划，并报原计划审批部门批准。

1.2.5　质量管理

（1）一般规定　全过程工程咨询服务机构应根据需求制定项目施工质量管理和质量管理绩效考核制度，配备质量管理资源。项目施工质量管理应坚持缺陷预防的原则，按照策划、实施、检查、处置的循环方式进行系统运作。

全过程工程咨询服务机构应通过对人员、机具、材料、方法、环境要素的全过程管理，确保工程质量满足质量标准和相关要求。项目施工质量管理应按相关程序实施，包括：确定质量计划；实施质量控制；开展质量检查与处置；落实质量改进。

（2）质量计划　项目施工质量计划应在施工阶段管理策划过程中编制。项目施工质量计划作为对外质量保证和对内质量控制的依据，体现项目施工全过程质量管理要求。

项目施工质量计划应包括：质量目标和质量要求；质量管理体系和管理职责；质量管理与协调的程序；法律法规和标准规范；质量控制点的设置与管理；项目施工生产要素的质量控制；实施质量目标和质量要求所采取的措施；项目施工质量文件管理。

项目施工质量计划应报全过程工程咨询服务机构批准。项目施工质量计划需修改时，应按原批准程序报批。

（3）质量控制　项目施工质量控制应确保相关内容满足规定要求，包括：实施过程的各种输入；实施过程控制点的设置；实施过程的输出；各个实施过程之间的接口。

设计质量控制应包括的流程为按照设计合同要求进行设计策划；根据设计需求确定设计输入；实施设计活动并进行设计评审；验证和确认设计输出；实施设计变更控制。

采购质量控制应包括的流程为确定采购程序；明确采购要求；选择合格的供应单位；实施采购合同控制；进行进货检验及问题处置。

施工质量控制应包括下列流程：施工质量目标分解；施工技术交底与工序控制；施工质

量偏差控制；产品或服务的验证、评价和防护。

项目施工质量创优控制宜符合的规定包括：明确质量创优目标和创优计划；精心策划和系统管理；制定高于国家标准的控制准则；确保工程创优资料和相关证据的管理水平。

分包的质量控制应纳入项目施工质量控制范围，分包人应按分包合同的约定对其分包的工程质量向全过程工程咨询服务机构负责。

（4）质量检查与处置　全过程工程咨询服务机构应根据施工阶段管理策划要求实施检验和监测，并按照规定配备检验和监测设备。对项目施工质量计划设置的质量控制点，全过程工程咨询服务机构应按规定进行检验和监测。

全过程工程咨询服务机构对不合格品控制应符合的规定为对检验和监测中发现的不合格品，按规定进行标识、记录、评价、隔离，防止非预期的使用或交付；采用返修、加固、返工、让步接受和报废措施，对不合格品进行处置。

（5）质量改进　全过程工程咨询服务机构应根据不合格的信息，评价采取改进措施的需求，实施必要的改进措施。当经过验证效果不佳或未完全达到预期的效果时，应重新分析原因，采取相应措施。

全过程工程咨询服务机构项目部应定期对项目施工质量状况进行检查、分析，向全过程工程咨询服务机构提出质量报告，明确质量状况、发包人及其他相关方满意程度、产品要求的符合性以及全过程工程咨询服务机构的质量改进措施。

全过程工程咨询服务机构应对全过程工程咨询服务机构项目部进行培训、检查、考核，定期进行内部审核，确保全过程工程咨询服务机构的质量改进。

全过程工程咨询服务机构应了解发包人及其他相关方对质量的意见，确定质量管理改进目标，提出相应措施并予以落实。

1.2.6　成本管理

（1）一般规定　全过程工程咨询服务机构应建立项目施工全面成本管理制度，明确职责分工和业务关系，把管理目标分解到各项技术和管理过程。

项目施工成本管理应符合相关规定，包括：全过程工程咨询服务机构管理层，应负责项目施工成本管理的决策，确定项目施工的成本控制重点、难点，确定项目施工成本目标，并对全过程工程咨询服务机构项目部进行过程和结果的考核；全过程工程咨询服务机构项目部应负责项目施工成本管理，遵守全过程工程咨询服务机构管理层的决策，实现施工阶段管理的成本目标。

项目施工成本管理应遵循的程序包括：掌握生产要素的价格信息；确定项目施工合同价；编制成本计划，确定成本实施目标；进行成本控制；进行项目施工过程成本分析；进行项目施工过程成本考核；编制项目施工成本报告；项目施工成本管理资料归档。

（2）成本计划　项目施工成本计划编制依据应包括：合同文件；施工阶段管理实施规划；相关设计文件；价格信息；相关定额；类似项目施工的成本资料。

全过程工程咨询服务机构应通过系统的成本策划，按成本组成、项目施工结构和工程实施阶段分别编制项目施工成本计划。

编制成本计划应符合相关规定，包括：由全过程工程咨询服务机构负责组织编制；项目施工成本计划对项目施工成本控制具有指导性；各成本项目施工指标和降低成本指标明确。

项目施工成本计划编制应符合的程序,包括:预测项目施工成本;确定项目施工总体成本目标;编制项目施工总体成本计划;全过程工程咨询服务机构项目部与全过程工程咨询服务机构的职能部门根据其责任成本范围,分别确定自己的成本目标,并编制相应的成本计划;针对成本计划制定相应的控制措施;由全过程工程咨询服务机构项目部与全过程工程咨询服务机构的职能部门负责人分别审批相应的成本计划。

(3)成本控制　全过程工程咨询服务机构成本控制应依据的内容包括:合同文件;成本计划;进度报告;工程变更与索赔资料;各种资源的市场信息。

项目施工成本控制应遵循的程序包括:确定项目施工成本管理分层次目标;采集成本数据,监测成本形成过程;找出偏差,分析原因;制定对策,纠正偏差;调整、改进成本管理方法。

(4)成本核算　全过程工程咨询服务机构应根据项目施工成本管理制度明确项目施工成本核算的原则、范围、程序、方法、内容、责任及要求,健全项目施工核算台账。

全过程工程咨询服务机构应按规定的会计周期进行项目施工成本核算。项目施工成本核算应坚持形象进度、产值统计、成本归集同步的原则。全过程工程咨询服务机构应编制项目施工成本报告。

(5)成本分析　项目施工成本分析依据应包括:项目施工成本计划;项目施工成本核算资料;项目施工的会计核算、统计核算和业务核算的资料。

成本分析宜包括:时间节点成本分析;工作任务分解单元成本分析;全过程工程咨询服务机构单元成本分析;单项指标成本分析;综合项目施工成本分析。

成本分析应遵循的步骤为选择成本分析方法;收集成本信息;进行成本数据处理;分析成本形成原因;确定成本结果。

(6)成本考核　全过程工程咨询服务机构应根据项目施工成本管理制度,确定项目施工成本考核目的、时间、范围、对象、方式、依据、指标、组织领导、评价与奖惩原则。

全过程工程咨询服务机构应以项目施工成本降低额、项目施工成本降低率作为成本考核主要指标。全过程工程咨询服务机构应对全过程工程咨询服务机构的成本和效益进行全面评价、考核与奖惩。全过程工程咨询服务机构应根据施工阶段管理成本考核结果对相关人员进行奖惩。

1.2.7　安全生产管理

(1)一般规定　全过程工程咨询服务机构应建立安全生产管理制度,坚持以人为本、预防为主,确保项目施工处于本质安全状态。

全过程工程咨询服务机构应根据有关要求确定安全生产管理方针和目标,建立项目施工安全生产责任制度,健全职业健康安全管理体系,改善安全生产条件,实施安全生产标准化建设。

全过程工程咨询服务机构应建立专门的安全生产管理机构,配备合格的项目施工安全管理负责人和管理人员,进行教育培训并持证上岗。项目施工安全生产管理机构以及管理人员应当恪尽职守、依法履行职责。

全过程工程咨询服务机构应按规定提供安全生产资源和安全文明施工费用,定期对安全生产状况进行评价,确定并实施项目施工安全生产管理计划,落实整改措施。

（2）安全生产管理计划　全过程工程咨询服务机构应根据合同的有关要求，确定项目施工安全生产管理范围和对象，制定项目施工安全生产管理计划，在实施中根据实际情况进行补充和调整。项目施工安全生产管理计划应按规定审核、批准后实施。

全过程工程咨询服务机构应开展有关职业健康和安全生产方法的前瞻性分析，选用适宜可靠的安全技术，采取安全文明的生产方式。全过程工程咨询服务机构应明确相关过程的安全管理接口，进行勘察、设计、采购、施工、试运行过程安全生产的集成管理。

（3）安全生产管理实施与检查　全过程工程咨询服务机构应根据项目施工安全生产管理计划和专项施工方案的要求，分级进行安全技术交底。对项目施工安全生产管理计划进行补充、调整时，仍应按原审批程序执行。

全过程工程咨询服务机构应建立安全生产档案，积累安全生产管理资料，利用信息技术分析有关数据辅助安全生产管理。

全过程工程咨询服务机构应根据需要定期或不定期对现场安全生产管理以及施工设施、设备和劳动防护用品进行检查、检测，并将结果反馈至有关部门，整改不合格情况并跟踪监督。

全过程工程咨询服务机构应全面掌握项目施工的安全生产情况，进行考核和奖惩，对安全生产状况进行评估。

（4）安全生产应急响应与事故处理　全过程工程咨询服务机构应识别可能的紧急情况和突发过程的风险因素，编制项目施工应急准备与响应预案。应急准备与响应预案应包括：应急目标和部门职责；突发过程的风险因素及评估；应急响应程序和措施；应急准备与响应能力测试；需要准备的相关资源。

全过程工程咨询服务机构应对应急预案进行专项演练，对其有效性和可操作性实施评价并修改完善。发生安全生产事故时，全过程工程咨询服务机构应启动应急准备与响应预案，采取措施进行抢险救援，防止发生二次伤害。

全过程工程咨询服务机构在事故应急响应的同时，应按规定上报上级和地方主管部门，及时成立事故调查组对事故进行分析，查清事故发生原因和责任，进行全员安全教育，采取必要措施防止事故再次发生。全过程工程咨询服务机构应在事故调查分析完成后进行安全生产事故的责任追究。

（5）安全生产管理评价　全过程工程咨询服务机构应按相关规定实施项目施工安全生产管理评价，评估项目施工安全生产能力满足规定要求的程度。

安全生产管理宜由全过程工程咨询服务机构的主管部门或其授权部门进行检查与评价。评价的程序、方法、标准、评价人员应执行相关规定。全过程工程咨询服务机构应按规定实施项目施工安全管理标准化工作，开展安全文明工地建设活动。

1.2.8　绿色建造与环境管理

（1）一般规定　全过程工程咨询服务机构应建立项目施工绿色建造与环境管理制度，确定绿色建造与环境管理的责任部门，明确管理内容和考核要求。

全过程工程咨询服务机构应制定绿色建造与环境管理目标，实施环境影响评价，配置相关资源，落实绿色建造与环境管理措施。

施工阶段管理过程应采用绿色设计，优先选用绿色技术、建材、机具和施工方法。施工管理过程应采取环境保护措施，控制施工现场的环境影响，预防环境污染。

（2）绿色建造　全过程工程咨询服务机构应通过施工阶段管理策划确定绿色建造计划并经批准后实施。绿色建造计划应包括：绿色建造范围和管理职责分工；绿色建造目标和控制指标；重要环境因素控制计划及响应方案；节能减排及污染物控制的主要技术措施；绿色建造所需的资源和费用。

设计全过程工程咨询服务机构应根据全过程工程咨询服务机构确定的绿色建造目标进行绿色设计。施工全过程工程咨询服务机构应对施工图进行深化设计或优化，采用绿色施工技术，制定绿色施工措施，提高绿色施工效果。建设单位全过程工程咨询服务机构应协调设计与施工单位，落实绿色设计或绿色施工的相关标准和规定，对绿色建造实施情况进行检查，进行绿色建造设计或绿色施工评价。

（3）环境管理　工程施工前，全过程工程咨询服务机构应进行的调查包括：施工现场和周边环境条件；施工可能对环境带来的影响；制定环境管理计划的其他条件。

全过程工程咨询服务机构应进行项目施工环境管理策划，确定施工现场环境管理目标和指标，编制项目施工环境管理计划。

全过程工程咨询服务机构应根据环境管理计划进行环境管理交底，实施环境管理培训，落实环境管理手段、设施和设备。全过程工程咨询服务机构应在施工过程及竣工后，进行环境管理绩效评价。

1.2.9　信息与知识管理

信息与知识管理应包括：信息管理计划、信息过程管理、信息安全管理、文件与档案管理、信息技术应用管理、知识管理。

（1）信息管理计划　项目施工信息管理计划应包括：项目施工信息管理范围；项目施工信息管理目标；项目施工信息需求；项目施工信息管理手段和协调机制；项目施工信息编码系统；项目施工信息渠道和管理流程；项目施工信息资源需求计划；项目施工信息管理制度与信息变更控制措施。

（2）信息过程管理　项目施工信息过程管理应包括：信息的采集、传输、存储、应用和评价过程。全过程工程咨询服务机构应按信息管理计划实施相关信息过程管理，包括：与项目施工有关的自然信息、市场信息、法规信息、政策信息；项目施工利益相关方信息；项目施工内部的各种管理和技术信息。

项目施工信息采集宜采用移动终端、计算机终端、物联网技术或其他技术进行及时、有效、准确地采集。项目施工信息应采用安全、可靠、经济、合理的方式和载体进行传输。全过程工程咨询服务机构应建立相应的数据库，对信息进行存储。

（3）信息安全管理　项目施工信息安全应分类、分级管理，并采取相应管理措施，如：设立信息安全岗位，明确职责分工；实施信息安全教育，规范信息安全行为；采用先进的安全技术，确保信息安全状态。

（4）文件与档案管理　项目施工文件与档案管理宜应用信息系统，重要项目施工文件和档案应有纸介质备份。全过程工程咨询服务机构应保证项目施工文件和档案资料的真实、准确和完整。

文件与档案宜分类、分级进行管理，保密要求高的信息或文件应按高级别保密要求进行防泄密控制，一般信息可采用适宜方式进行控制。

（5）信息技术应用管理　项目施工信息系统应包括项目施工所有的管理数据，为用户提供项目施工各方面信息，实现信息共享、协同工作、过程控制、实时管理。

项目施工信息系统宜基于互联网并结合相关先进技术进行建设和应用，包括：建筑信息模型、云计算、大数据、物联网。

项目施工信息系统需要具有的安全技术措施包括：身份认证；防止恶意攻击；信息权限设置；跟踪审计和信息过滤；安全监测；数据灾难备份。

（6）知识管理　全过程工程咨询服务机构宜获得的知识为知识产权；从经历获得的感受和体会；从成功和失败项目施工中得到的经验教训；过程、产品和服务的改进结果；标准规范的要求；发展趋势与方向。

全过程工程咨询服务机构应确定知识传递的渠道，实现知识分享，并进行知识更新。全过程工程咨询服务机构应确定知识应用的需求，采取确保知识应用的准确性和有效性的措施。在需要时，实施知识创新。

1.2.10　沟通管理

（1）一般规定　全过程工程咨询服务机构应建立项目施工相关方沟通管理机制，健全项目施工协调制度，确保全过程工程咨询服务机构内部与外部各个层面的交流与合作。

（2）相关方需求识别与评估　建设单位应分析和评估其他各相关方对项目施工质量、安全、进度、造价、环保方面的理解和认识，同时分析各方对资金投入、计划管理、现场条件以及其他方面的需求。

勘察、设计单位应分析和评估建设单位、施工单位、监理单位以及其他相关单位对勘察设计文件和资料的理解和认识，分析对文件质量、过程跟踪服务、技术指导和辅助管理工作的需求。

施工单位应分析和评估建设单位以及其他相关方对技术方案、工艺流程、资源条件、生产全过程工程咨询服务机构、工期、质量和安全保障以及环境和现场文明的需求；分析和评估供应、分包和技术咨询单位对现场条件提供资金保证以及相关配合的需求。

监理单位应分析和评估建设单位的各项施工目标需求、授权和权限，分析和评估施工单位及其他相关单位对监理工作的认识和理解、提供技术指导和咨询服务的需求。

专业承包、劳务分包和供应单位应当分析和评估建设单位、施工单位、监理单位对服务质量、工作效率以及相关配合的具体要求。

全过程工程咨询服务机构在分析和评估其他方需求的同时，也应对自身需求做出分析和评估，明确定位，与其他相关单位的需求有机融合，减少冲突和不一致。

（3）沟通管理计划　项目施工沟通管理计划应包括：沟通范围、对象、内容与目标；沟通方法、手段及人员职责；信息发布时间与方式；项目施工绩效报告安排及沟通需要的资源；沟通效果检查与沟通管理计划的调整。项目施工沟通管理计划应由授权人批准后实施。

（4）沟通程序与方式　项目施工沟通管理应包括的程序为项目施工实施目标分解；分析各分解目标自身需求和相关方需求；评估各目标的需求差异；制定目标沟通计划；明确沟通责任人、沟通内容和沟通方案；按既定方案进行沟通；总结评价沟通效果。

全过程工程咨询服务机构应进行项目施工信息的交流，包括：项目施工各相关方共享的核心信息；项目施工内部信息；项目施工相关方产生的有关信息。

全过程工程咨询服务机构可采用信函、邮件、文件、会议、口头交流、工作交底以及其他媒介沟通方式与项目施工相关方进行沟通，重要事项的沟通结果应书面确认。

全过程工程咨询服务机构应编制项目施工进展报告，说明项目施工实施情况、存在的问题及风险、拟采取的措施、预期效果或前景。

（5）全过程工程咨询服务机构协调　全过程工程咨询服务机构应制定项目施工全过程工程咨询服务机构协调制度，规范运行程序和管理。全过程工程咨询服务机构应就容易发生冲突和不一致的事项，形成预先通报和互通信息的工作机制，化解冲突和不一致。

全过程工程咨询服务机构应实施沟通管理和构协调教育，树立和谐、共赢、承担和奉献的管理思想，提升项目施工沟通管理绩效。

（6）冲突管理　消除冲突和障碍可采取的方法包括：选择适宜的沟通与协调途径；进行工作交底；有效利用第三方调解；创造条件使项目施工相关方充分地理解项目施工计划，明确项目施工目标和实施措施。

1.2.11　风险管理

（1）一般规定　全过程工程咨询服务机构应建立风险管理制度，明确各层次管理人员的风险管理责任，管理各种不确定因素对项目施工的影响。项目施工风险管理应包括的程序包括：制定风险管理计划；风险识别；风险评估；风险应对；风险监控。

（2）风险管理计划　全过程工程咨询服务机构应在施工阶段管理策划时确定项目施工风险管理计划。风险管理计划应包括：风险管理目标；风险管理范围；可使用的风险管理方法、措施、工具和数据；风险跟踪的要求；风险管理的责任和权限；必需的资源和费用预算。项目施工风险管理计划应根据风险变化进行调整，并经过授权人批准后实施。

（3）风险识别　全过程工程咨询服务机构应在项目施工实施前识别实施过程中的各种风险。全过程工程咨询服务机构应进行的风险识别包括：工程本身条件及约定条件；自然条件与社会条件；市场情况；项目施工相关方的影响；施工阶段管理团队的能力。

识别项目施工风险应遵循的程序包括：收集与风险有关的信息；确定风险因素；编制项目施工风险识别报告。

项目施工风险识别报告应由编制人签字确认，并经批准后发布。项目施工风险识别报告应包括：风险源的类型、数量；风险发生的可能性；风险可能发生的部位及风险的相关特征。

（4）风险评估　全过程工程咨询服务机构应按相关内容进行风险评估，包括：风险因素发生的概率；风险损失量或效益水平的估计；风险等级评估。

风险评估宜采取的方法包括：根据已有信息和类似项目施工信息采用主观推断法、专家估计法或会议评审法进行风险发生概率的认定；根据工期损失、费用损失和对工程质量、功能、使用效果的负面影响进行风险损失量的估计；根据工期缩短、利润提升和对工程质量、安全、环境的正面影响进行风险效益水平的估计。

全过程工程咨询服务机构应根据风险因素发生的概率、损失量或效益水平，确定风险量并进行分级。

风险评估后应出具风险评估报告。风险评估报告应由评估人签字确认，并经批准后发布。风险评估报告应包括：各类风险发生的概率；可能造成的损失量或效益水平、风险等级确定；风险相关的条件因素。

（5）风险应对　全过程工程咨询服务机构应依据风险评估报告确定针对项目施工风险的应对策略。全过程工程咨询服务机构应采取相关措施应对负面风险，包括：风险规避、风险减轻、风险转移、风险自留。

全过程工程咨询服务机构应采取相应策略应对正面风险，包括：为确保机会的实现，消除该机会实现的不确定性；将正面风险的责任分配给最能为全过程工程咨询服务机构获取利益机会的一方；针对正面风险或机会的驱动因素，采取措施提高机遇发生的概率。

（6）风险监控　全过程工程咨询服务机构应收集和分析与项目施工风险相关的各种信息，获取风险信号，预测未来的风险并提出预警，预警应纳入项目施工进展报告，并采用相应方法，包括：通过工期检查、成本跟踪分析、合同履行情况监督、质量监控措施、现场情况报告、定期例会，全面了解工程风险；对新的环境条件、实施状况和变更，预测风险，修订风险应对措施，持续评价项目施工风险管理的有效性。

1.3　全过程工程咨询施工管理服务团队

1.3.1　全过程工程咨询服务机构的框架结构

在建设项目施工实施阶段的主要参与单位包括投资人、全过程工程咨询单位、承建人以及外部所涉及的相关单位（如管线单位、居民、政府相关部门）等。

（1）全过程工程咨询服务机构　全过程工程咨询服务机构应承担项目施工实施的管理任务和实现目标的责任。

全过程工程咨询服务机构应由其负责人领导，接受组织职能部门的指导、监督、检查、服务和考核，负责对项目施工资源进行合理使用和动态管理。全过程工程咨询服务机构应在项目施工启动前建立，在项目施工完成后或按合同约定解体。

建立全过程工程咨询服务机构应遵循相关规定，包括：结构应符合组织制度和项目施工实施要求；应有明确的管理目标、运行程序和责任制度；机构成员应满足项目施工管理要求及具备相应资格；组织分工应相对稳定并可根据项目施工实施变化进行调整；应确定机构成员的职责、权限、利益和需承担的风险。

建立全过程工程咨询服务机构应遵循一定步骤，包括：根据项目施工管理规划大纲、项目施工管理目标责任书及合同要求明确管理任务；根据管理任务分解和归类，明确组织结构；根据组织结构，确定岗位职责、权限以及人员配置；制定工作程序和管理制度；由组织管理层审核认定。

全过程工程咨询服务机构的管理活动应符合相关要求，包括：应执行管理制度；应履行管理程序；应实施计划管理，保证资源的合理配置和有序流动；应注重项目施工实施过程的指导、监督、考核和评价。

（2）全过程工程咨询服务机构建设　全过程工程咨询服务机构应实施项目施工团队建设，明确团队管理原则，规范团队运行。

全过程工程咨询服务机构应与项目施工建设相关责任方的项目施工管理团队之间围绕项目施工目标协同工作并有效沟通。

全过程工程咨询服务机构建设应符合有关规定，包括：建立团队管理机制和工作模式；各方步调一致，协同工作；制定团队成员沟通制度，建立畅通的信息沟通渠道和各方共享的信息平台。

全过程工程咨询服务机构负责人应对项目施工团队建设和管理负责，组织制定明确的团队目标、合理高效的运行程序和完善的工作制度，定期评价团队运作绩效。

全过程工程咨询服务机构负责人应统一团队思想，增强集体观念，和谐团队氛围，提高团队运行效率。全过程工程咨询服务机构建设应开展绩效管理，利用团队成员集体的协作成果。

1.3.2 全过程工程咨询服务机构总负责人

全过程工程咨询施工阶段管理的全过程工程咨询服务机构总负责人是指全过程工程咨询机构委派或投资人指定，具有相关资格和能力为建设项目施工提供全过程工程咨询的项目施工管理咨询总负责人，原则上由具有注册建筑师、注册结构工程师及其他勘察设计注册工程师、注册造价工程师、注册监理工程师、注册建造师、注册咨询工程师中一个或多个执业资格的人员担任。

（1）全过程工程咨询服务总负责人应履行下列职责。

① 全过程工程咨询服务目标责任书中规定的职责；
② 工程质量安全责任承诺书中应履行的职责；
③ 组织或参与编制全过程工程咨询服务管理规划大纲、全过程工程咨询服务管理实施规划，对全过程工程咨询服务目标进行系统管理；
④ 主持制定并落实实施总计划、实施方案，负责相关的组织协调工作；
⑤ 对各类资源进行质量监控和动态管理；
⑥ 对项目策划、工程设计、工程监理、招标代理、工程造价、项目管理等相关配合单位进行监控；
⑦ 建立各类专业管理制度，并组织实施；
⑧ 进行授权范围内的任务分解和利益分配；
⑨ 按相关规定审批全过程工程咨询服务管理文件、技术资料、评估报告、总结报告等相应的专业报告并呈报业主；
⑩ 接受审计，处理全过程工程咨询服务机构解体的善后工作；
⑪ 指导项目检查、鉴定和评奖申报；
⑫ 配合组织完善缺陷责任期的相关工作。

（2）全过程工程咨询服务总负责人应具有下列权限。

① 参与全过程工程咨询服务招标、投标和合同签订；
② 参与组建全过程工程咨询服务机构；
③ 参与组织对项目各阶段的重大决策；
④ 主持全过程工程咨询服务机构工作；
⑤ 决定授权范围内的项目资源使用；
⑥ 在组织制度的框架下制定全过程工程咨询服务机构管理制度；
⑦ 参与选择并直接管理具有相应资质的分包人；

⑧ 参与选择大宗资源的供应单位；
⑨ 在授权范围内与全过程工程咨询服务相关方进行直接沟通；
⑩ 法定代表人和组织授予的其他权利。

（3）全过程工程咨询服务机构总负责人应接受法定代表人和组织机构的业务管理，组织机构有权对全过程工程咨询服务机构总负责人给予奖励或处罚。

1.3.3　全过程工程咨询施工阶段管理的专业咨询工程师及咨询工程师助理

全过程工程咨询施工阶段管理的专业咨询工程师及咨询工程师助理是指具备相应资格和能力、在总咨询师管理协调下，开展全过程工程咨询服务的相关专业咨询的专业人士。专业咨询工程师主要包括但不限于以下专业人士：注册建筑师、注册结构工程师及其他勘察设计注册工程师、注册造价工程师、注册监理工程师、注册建造师、注册咨询工程师及相关执业人员。咨询工程师助理是指为了配合全过程工程咨询服务机构总负责人工作进行对外协调或者进行全过程工程咨询施工阶段管理工作的人员。

第2章 全过程工程咨询施工阶段质量管理

2.1 施工阶段质量控制概述

2.1.1 施工阶段工程质量控制的概念

全过程工程咨询施工阶段质量控制是全过程工程咨询单位受投资人的委托,根据全过程工程咨询合同约定,按照现行的国家相关规范,监督、配合承建人按照图纸和国家相关的规范、规程、标准进行安全、有序的施工,最终实现预定的工程质量目标的过程。

2.1.2 施工质量控制的内容

全过程工程咨询单位施工阶段的质量控制的主要内容如下。

① 协助或代办好投资人在承建人进场前的各项现场准备工作。

② 协助或代办好投资人办理施工许可证等相关施工手续。

③ 总咨询工程师应组织全过程工程咨询服务专业负责人审查施工单位报审的施工方案,符合要求后予以签认。

④ 工程开工前,审查确认施工企业资质及人员资格;分包工程开工前,全过程工程咨询服务机构应审核施工单位报送的分包单位资格报审表,全过程工程咨询服务专业负责人提出审核意见后,由总咨询工程师签发。

⑤ 全过程工程咨询服务专业负责人应审查施工单位报送的新材料、新工艺、新技术、新设备的质量认证材料和相关验收标准的适用性,必要时,应要求施工单位组织专题论证,审查合格后报全过程工程咨询服务总负责人签认。

⑥ 全过程工程咨询服务专业负责人应检查、复核施工单位报送的施工控制测量成果及保护措施，并签署意见。

⑦ 全过程工程咨询服务专业负责人应检查施工单位的试验室是否符合规范要求。

⑧ 全过程工程咨询服务机构应审查施工单位报送的用于工程的材料、设备、构配件的质量证明文件，并按照有关规定或建设工程咨询合同约定，对用于工程的材料进行见证取样、平行检验。

⑨ 全过程工程咨询服务专业负责人应要求施工单位定期提交影响工程质量的计量设备的检查和检定报告。

⑩ 咨询服务机构人员应对施工过程进行巡视，并对关键部位、关键工序的施工过程进行旁站，填写旁站记录。

⑪ 全过程工程咨询服务专业负责人应根据施工单位报验的检验批、隐蔽工程、分项工程进行验收，提出验收意见。总咨询工程师应组织咨询服务机构人员对施工单位报验的分部工程进行验收，签署验收意见。

⑫ 全过程工程咨询服务机构发现施工存在质量问题的，应及时签发咨询通知，要求施工单位整改。整改完毕后，全过程工程咨询服务机构应根据施工单位报送的咨询通知回复单对整改情况进行复查，提出复查意见。

⑬ 全过程工程咨询服务机构应对施工单位的整改过程、结果进行检查、验收，符合要求的，总咨询工程师应及时签发复工令。

⑭ 全过程工程咨询服务机构需要返工处理或加固补强的质量事故，全过程工程咨询服务机构应要求施工单位报送质量事故调查报告和经设计等相关单位认可的处理方案，并对质量事故的处理过程进行跟踪检查，对处理结果进行验收。全过程工程咨询服务机构应及时向建设单位提交质量事故书面报告，并应将完整的质量事故处理记录整理归档。

⑮ 全过程工程咨询服务机构应审查施工单位提交的单位工程竣工验收报审表及竣工资料，组织工程竣工预验收。存在问题的，应要求施工单位及时整改；合格的，总咨询工程师应签发单位工程竣工验收报审表。

⑯ 工程竣工预验收合格后，全过程工程咨询服务机构应编写工程质量评估报告，经总咨询工程师和工程咨询单位技术负责人审核签字后报建设单位。

2.1.3 施工阶段投资人、全过程工程咨询单位、承建人的质量责任和义务

建立工程项目质量管理职责，是要明确各部门及其人员在工程质量管理中所应承担的任务、职责、权限，做到各尽其职、各负其责、工作有标准。建设项目实施阶段的质量管理牵头单位是全过程工程咨询单位，全过程工程咨询单位通过对实施阶段中承建人的监督、协调、检查、管理，保证建设项目按照国家法律法规及相关技术规范程序实施，达到项目质量管理目标。

（1）投资人　承担《中华人民共和国建筑法》《建设工程质量管理条例》规定的投资人责任及对工程质量的决策责任。投资人应向全过程工程咨询单位提供约定的工程资料。

（2）全过程工程咨询单位

① 全过程工程咨询单位应针对全过程工程咨询业务特点，建立完善的内部质量管理体系，并通过流程控制、机构标准等措施保证咨询成果文件质量。

② 全过程工程咨询单位提交的各类成果文件应由编制人编制,并应由全过程工程咨询服务专业负责人审核和全过程工程咨询服务总负责人审定。

③ 全过程工程咨询单位应核对投资人提供的全过程工程咨询相关资料,及时向投资人反映相关资料存在的缺陷,并要求投资人对其补充和完善。投资人无正当理由不得拒绝提供全过程工程咨询单位所要求的相关资料。

④ 全过程工程咨询成果文件应符合现行国家和行业有关标准规定。如投资人对质量标准要求高于现行国家或行业有关标准规定的,应在全过程工程咨询合同中予以明确。

⑤ 全过程工程咨询单位应根据工作大纲,定期或不定期对其咨询工作进行回访,听取投资人的评价意见,并结合本机构的质量保证体系进行总结完善。

(3) 承建人　承建人是施工质量的直接实施者和责任者,应全面履行《建设工程质量管理条例》等相关的国家法律、法规、规范和施工合同规定的质量责任,强调承建人应在自检质量合格的基础上接受全过程工程咨询单位查验。对所提供的材料、设备、构配件的质量进行负责,所提供的材料、设备、构配件必须符合产品标准和合同的约定。

2.1.4　质量管理体系与质量保证体系

(1) 质量管理体系　质量管理体系是工程质量的重要保证,投资人、全过程工程咨询单位、承建人都应建立起相应的质量管理体系,一个项目的多层次质量管理体系在运行中,除对内主要发挥主动管理的作用外,对外还应该能够起到相互监督和督促的作用。

全过程工程咨询单位实施质量管理,是通过签订各种合同将有关工作的质量责任分解到涉及参与方,从而实现质量管理目标。质量管理目标是指为达到项目建成使用功能、使用寿命、使用要求而制定的施工质量标准。针对整个项目、单项工程、单位工程、分部工程、分项工程制定出明确的质量目标,质量目标分为项目总体质量目标及各分部分项工程质量目标。

(2) 质量保证体系　质量保证体系是指全过程工程咨询单位以提高和保证产品服务质量为目标,运用系统的方法,依靠必要的组织结构,把各参建单位各环节的质量管理活动严密组织起来,形成一个有明确任务、职责、权限,相互协调、相互促进的质量管理的有机整体。

质量管理组织机构设置是要明确质量管理部门及人员岗位职责权限,建立包括各参建单位在内的项目质量管理制度。建设项目实施阶段中,质量管理组织机构反映各参建单位在质量管理体系中的相互关系。

2.1.5　卓越绩效模式

卓越绩效模式是当前国际上广泛认同的一种组织综合绩效管理的有效方法和工具。该模式源自美国波多里奇奖评审标准,其以顾客为导向,追求卓越绩效管理理念,包括领导、战略、顾客和市场、测量分析改进、人力资源、过程管理、经营结果等七个方面。该评奖标准后来逐步风行世界发达国家与地区,成为一种卓越的管理模式,即卓越绩效模式。它不是目标,而是提供一种评价方法。

企业作为一个经营组织,其运营体系是由围绕组织的业务流程所设立的各管理职能模块组成的,而企业是否能够永续经营,取决于组织能否正确地做正确的事。框架图(图2-11)中有两个三角——"领导作用""战略"及"以顾客和市场为中心"组成的"领导三要素"和

"以人为本""过程管理"及"经营结果"组成的"结果三要素"。其中"领导三要素"强调高层领导在组织所处的特定环境中，通过制定以顾客和市场为中心的战略，为组织谋划长远未来，关注的是组织如何做正确的事。而"结果三要素"则强调如何充分调动组织中人的积极性和能动性，通过组织中的人在各个业务流程中发挥作用和过程管理的规范，高效地实现组织所追求的经营结果，关注的是组织如何正确地做事，解决的是效率和效果的问题。

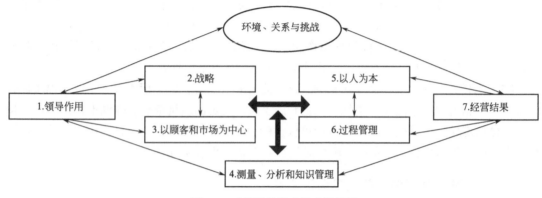

图 2-1　卓越绩效模式标准框架图

卓越绩效模式建立在一组相互关联的核心价值观和原则的基础上。核心价值观共有十一条：追求卓越管理；顾客导向的卓越；组织和个人的学习；重视员工和合作伙伴；快速反应和灵活性；关注未来；促进创新的管理；基于事实的管理；社会责任与公民义务；关注结果和创造价值；系统的观点。这些核心价值观反映了国际上最先进的经营管理理念和方法，也是许多世界级成功企业的经验总结，它贯穿于卓越绩效模式的各项要求之中，应成为企业全体员工，尤其是企业高层经营管理人员的理念和行为准则。

领导力是一个组织成功的关键。组织的高层领导应确定组织正确的发展方向和以顾客为中心的企业文化，并提出有挑战性的目标。组织的方向、价值观和目标应体现其利益相关方的需求，用于指导组织所有的活动和决策。高层领导应确保建立组织追求卓越的战略、管理系统、方法和激励机制，激励员工勇于奉献、成长、学习和创新。

高层领导应通过治理机构对组织的道德行为、绩效和所有利益相关方负责，并以自己的道德行为、领导力、进取精神发挥其表率作用，将有力地强化组织的文化、价值观和目标意识，带领全体员工实现组织的目标。卓越绩效模式是以设立目标，达成目标，一切以实现企业战略落地执行，提升企业"业绩"，实现企业和员工"双赢"为出发点的企业经营管理模式。这套绩效管理模式已经超越了人力资源部绩效的理念，上升到了公司管理运营的高度，实际已经成为了公司的卓越运营管理模式。这套模式通过了解和澄清公司的战略和目标，使公司的战略和目标更加清晰，形成年度工作重点和年度目标。通过梳理组织架构、部门职责和岗位设置，提高组织的有效性，形成绩效管理的基础，根据公司设定的战略目标和年度工作重点。通过自上而下的目标分解，提炼科学的公司、部门和岗位绩效指标，设定科学合理的分解目标值，形成围绕目标而制定的年度、月度、周、日计划来达成公司年度目标的实现。运用科学的过程管控方法和工具，让绩效计划得到有效贯彻和执行。根据绩效结果和目标的对比，得到客观的绩效考核数据，完善科学的绩效激励薪酬体系和政策，提高员工的积极性、管理的科学性、目标的有效达成，促进公司的管理体系的不断完善。

2.1.6 施工质量管理的原理（PDCA 循环）

PDCA 循环是美国质量管理专家休哈特博士首先提出的，由戴明采纳、宣传，获得普及，所以又称戴明环。全面质量管理的思想基础和方法依据就是 PDCA 循环。PDCA 循环的含义是将质量管理分为四个阶段，即计划（Plan）、执行（Do）、检查（Check）、处理（Act），如图 2-2 所示。在质量管理活动中，要求把各项工作按照作出计划、计划实施、检查实施效果，然后将成功的纳入标准，不成功的留待下一循环去解决。这一工作方法是质量管理的基本方法，也是企业管理各项工作的一般规律。

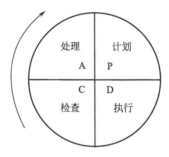

图 2-2 PDCA 管理循环图

PDCA 分别是英语单词 Plan(计划)、Do(执行)、Check(检查) 和 Act(处理) 的第一个字母，PDCA 循环就是按照这样的顺序进行质量管理，并且循环不止地进行下去的科学程序。

① P（Plan）——计划。包括方针和目标的确定，以及活动规划的制定。

② D（Do）——执行。根据已知的信息，设计具体的方法、方案和计划布局；再根据设计和布局，进行具体运作，实现计划中的内容。

③ C（Check）——检查。总结执行计划的结果，分清哪些对了，哪些错了，明确效果，找出问题。

④ A（Act）——处理。对总结检查的结果进行处理，对成功的经验加以肯定，并予以标准化；对于失败的教训也要总结，引起重视。对于没有解决的问题，应提交给下一个 PDCA 循环去解决。

以上四个过程不是运行一次就结束，而是周而复始地进行，一个循环完了，解决一些问题，未解决的问题进入下一个循环，这样阶梯式上升。

PDCA 循环是全面质量管理所应遵循的科学程序。全面质量管理活动的全部过程，就是质量计划的制订和组织实现的过程，这个过程就是按照 PDCA 循环，不停顿地周而复始地运转。

2.1.7 全面质量管理

全面质量管理是以产品质量为核心，建立起一套科学严密高效的质量体系，以提供满足用户需要的产品或服务的全部活动。

全面质量管理，即 TQM（Total Quality Management），就是指一个组织以质量为中心，以全员参与为基础，以顾客满意和本组织所有成员及社会受益为目的，而达到长期成功的管理途径。在全面质量管理中，质量这个概念和全部管理目标的实现有关。

（1）设计过程质量管理的内容　产品设计过程的质量管理是全面质量管理的首要环节。这里所指设计过程，包括市场调查、产品设计、工艺准备、试制和鉴定等过程，即产品正式投产前的全部技术准备过程。主要工作内容包括通过市场调查研究，根据用户要求、科技情报与企业的经营目标，制定产品质量目标；组织有销售、使用、科研、设计、工艺、制度和质量管理等多部门参加的审查和验证，确定适合的设计方案；保证技术文件的质量；做好标准化的审查工作；督促遵守设计试制的工作程序；等等。

（2）制造过程的质量管理的内容　制造过程是指对产品直接进行加工的过程。它是产品质量形成的基础，是企业质量管理的基本环节。它的基本任务是保证产品的制造质量，建立一个能够稳定生产合格品和优质品的生产系统。主要工作内容包括组织质量检验工作，组织和促进文明生产，组织质量分析，掌握质量动态，组织工序的质量控制，建立管理点等。

（3）辅助过程质量管理的内容　辅助过程是指为保证制造过程正常进行而提供各种物资技术条件的过程。它包括物资采购供应、动力生产、设备维修、工具制造、仓库保管、运输服务等。它主要内容有：做好物资采购供应（包括外协准备）的质量管理，保证采购质量，严格入库物资的检查验收，按质、按量、按期地提供生产所需要的各种物资（包括原材料、辅助材料、燃料等）；组织好设备维修工作，保持设备良好的技术状态；做好工具制造和供应的质量管理工作；等等。另一方面，企业物资采购的质量管理也显得日益重要。

（4）使用过程质量管理的内容　使用过程是考验产品实际质量的过程，它是企业内部质量管理的继续，也是全面质量管理的出发点和落脚点。这一过程质量管理的基本任务是提高服务质量（包括售前服务和售后服务），保证产品的实际使用效果，不断促使企业研究和改进产品质量。它主要的工作内容有：开展技术服务工作，处理出厂产品质量问题；调查产品使用效果和用户要求。

2.1.8　施工质量管理的阶段划分

（1）按施工阶段工程实体形成过程中物质形态的转化划分　可分为对投入的物质、资源质量的管理；施工及安装生产过程质量管理，即在使投入的物质资源转化为工程产品的过程中，对影响产品质量的各因素、各环节及中间产品的质量进行控制；对完成的工程产出品质量的控制与验收。

前两项工作对于最终产品质量的形成具有决定性的作用，需要对影响工程项目质量的五大因素进行全面管理。其中包括：施工有关人员因素、材料（包括半成品）因素、机械设备（永久性设备及施工设备）因素、施工方法（施工方案、方法及工艺）因素和环境因素。

（2）按工程项目施工层次结构划分　工程项目施工质量管理过程为：工序质量管理、分项工程质量管理、分部工程质量管理、单位工程质量管理、单项工程质量管理。其中单位工程质量管理与单项工程质量管理包括建筑施工质量管理、安装施工质量管理与材料设备质量管理。

（3）按工程实体质量形成过程的时间阶段划分　工程项目施工质量过程控制分为事前控制、事中控制和事后控制。其中事前控制为施工前准备阶段进行的质量控制，包括对准备工作及影响质量的各因素的质量控制。事中控制为施工过程中进行的所有与施工过程有关的各方面的质量控制，包括对中间产品（工序产品或分部分项工程产品）的质量控制。事后控制是指对施工所完成的最终产品（单位工程或整个工程项目）以及有关方面（如质量文档）的质量进行控制。

因此施工阶段的质量管理可以理解成对所投入的资源和条件、对生产过程各环节、对所完成的工程产品，进行全过程质量检查与控制的一个系统过程。

2.1.9 施工质量管理的依据

建设工程质量控制，就是通过采取有效措施，在满足工程造价和进度要求的前提下，实现预定的工程质量目标。全过程工程咨询单位的全过程工程咨询服务专业负责人（咨询）在建设工程施工阶段质量管理的主要任务是通过对施工投入、施工和安装过程、施工产品（分项工程、分部工程、单位工程、单项工程等）进行全过程控制，以及对承建人及其人员的资格、材料和设备、施工机械和机具、施工方案和方法、施工环境实施全面控制，以期按标准实现预定的施工质量目标。相关依据如下：

①《中华人民共和国建筑法》。
②《建设工程质量管理条例》。
③《建筑工程施工质量验收统一标准》（GB 50300—2013）。
④《质量管理体系 基础和术语》（GB/T 19000—2016）。

2.2 施工准备期的质量管理

2.2.1 施工准备期质量管理的内容

承建人在施工前准备阶段必须做好的准备工作，包括技术准备、物质准备、组织准备与施工现场准备。投资人委托全过程工程咨询单位在此阶段的质量管理工作主要包括以下两方面。

① 对承建人做的施工准备工作的质量进行全面检查与控制。这包括通过资质审查，对施工队伍及人员的质量控制；从采购、加工制造、运输、装卸、进场、存放和使用等方面，对工程所需原材料、半成品、构配件和永久性设备、器材等进行全过程、全面的管理；对施工方法、方案和工艺进行管理，包括对施工组织设计（或施工计划）、施工质量保证措施和施工方案等进行审查；根据施工组织设计（或施工计划）对施工用机械、设备进行审查；审查与控制承建人在施工环境与条件方面的准备工作质量；对测量基准点和参考标高的确认及工程测量放线的质量控制。

② 做好监控准备工作、设计交底和图纸会审、设计图纸的变更及其控制；做好施工现场场地及通道条件的保证；严把开工关等事前质量保证工作。

2.2.2 项目质量计划编制的依据、要求和内容

项目质量计划应在项目管理策划过程中编制。项目质量计划作为对外质量保证和对内质量控制的依据，体现项目全过程质量管理要求。

（1）项目质量计划编制依据应包括下列内容。
① 合同中有关产品质量要求；
② 项目管理规划大纲；

③ 项目设计文件；
④ 相关法律法规和标准规范；
⑤ 质量管理其他要求。
（2）项目质量计划应包括下列内容。
① 质量目标和质量要求；
② 质量管理体系和管理职责；
③ 质量管理与协调的程序；
④ 法律法规和标准规范；
⑤ 质量控制点的设置与管理；
⑥ 项目生产要素的质量控制；
⑦ 实施质量、目标和质量要求所采取的措施；
⑧ 项目质量文件管理。

项目质量计划应报全过程工程咨询单位总工程师批准。项目质量计划需修改时，应按原批准程序报批。

2.3 施工过程中的质量管理

2.3.1 作业技术准备状态的管理

① 工程开工前，全过程工程咨询单位应严格按照开工程序、严格进场材料的报审、严格各项方案措施的落实。

② 施工前，全过程工程咨询单位应组织勘察、设计等相关单位对承建人进行设计交底。

2.3.2 作业技术活动运行过程的管理

投资人委托全过程工程咨询单位在此阶段主要执行以下质量管理工作。
① 对自检系统与工序的质量控制，对施工承建人的质量控制工作的监控。
② 在施工过程中对承建人各项工程活动进行质量跟踪监控，严格工序间交接检查，建立施工质量跟踪档案等。
③ 审查并组织有关各方对工程变更或图纸修改进行研究。
④ 对工序产品的检查和验收，以及对重要工程部位和工序、专业工程等进行试验、技术复核等。
⑤ 处理已发生的质量问题或质量事故。
⑥ 下达停工指令、控制施工质量等。

2.3.3 作业技术活动结果的管理

投资人委托全过程工程咨询单位组织对分部、分项工程的验收；组织联动试车或设备的试运转；组织单位工程或整个工程项目的竣工验收等工作。其中对分部、分项工程质量的验收具有三大作用，不可忽视。

（1）保证作用　通过对分部、分项工程的验收可以判断是否有不合格的分部、分项工程，把住质量关，使不符合标准的分部、分项工程经过返修达到质量标准后才转入下道工序。

（2）预防作用　通过对分部、分项工程的验收可以预防施工过程中出现质量不合格的分部、分项工程，即使发现也能及时采取有效措施得以纠正，从而使工程质量处于稳定状态，起到预防的作用。

（3）信息反馈作用　通过对分部、分项工程的验收所得的数据和情况进行分析和评价，将从中所获得的质量信息及时通知承建人，改进工作。

2.3.4　施工过程质量管理手段

全过程工程咨询单位对于工程项目施工过程的质量检查与监督是十分严格的，一般包括以下三个方面。

（1）承建人的质量自检与质量保证　对于质量检查的统一看法是，要保证工程或产品质量，靠外部检查只是一个方面的措施，但更重要的还是依靠企业内部的质量自检与质量保证，企业的自检体系一般较健全，要求较严格。

（2）全过程工程咨询单位进行的质量监督检查　主要依据 FIDIC 合同条款中的规定和国家相关的法律、法规、设计文件等。全过程工程咨询单位指定的设计工程师或全过程工程咨询单位授权的其他机构及人员进行监督检查。

（3）政府的监督检查　国家规定政府有关部门在特定时间内需要对建筑工地进行检查。其检查的时间为开工、基础完工、承重结构和高耸构筑物完工后以及项目竣工后，检查的目的是确保工程项目按照规划正确选址，而且符合现行法规中关于公共安全和健康的有关规定。

2.4　设备采购与制造安装的质量管理

2.4.1　设备招标采购的质量管理

全过程工程咨询单位应根据全过程工程咨询合同约定的设备采购与设备监造工作内容，配备咨询管理人员，明确岗位职责。全过程工程咨询单位应编制设备采购与设备监造工作计划，编制设备采购与设备监造方案。采用招标方式进行设备采购的，全过程工程咨询单位按照有关规定组织设备采购招标。全过程工程咨询单位应在确定设备供应单位后协助建设单位进行设备采购合同谈判，签订设备采购合同。

设备采购资料包括下列内容：
① 建设工程咨询合同及设备采购合同；
② 设备采购招投标文件；
③ 工程设计文件和图纸；
④ 市场调查、考察报告；
⑤ 设备采购方案；
⑥ 设备采购工作总结。

2.4.2　设备制造安装的质量管理

全过程工程咨询单位应检查设备制造单位的质量管理体系，审查设备制造单位报送的设备制造生产计划和工艺方案。

全过程工程咨询单位应审查设备制造的检验计划和检验要求，确认各阶段的检验时间、内容、方法、标准以及检测手段、检测设备和仪器。

全过程工程咨询服务专业负责人应审查设备制造的原材料、外购配套件、元器件、标准件以及坯料的质量证明文件及检验报告，并审查设备制造单位提交的报验资料，符合规定时予以签认。

全过程工程咨询单位应对设备制造过程进行监督和检查，对主要及关键零部件的制造工序应进行抽检。

全过程工程咨询服务专业负责人应要求设备制造单位按批准的检验计划和检验要求进行设备制造过程的检验工作，做好检验记录。全过程工程咨询服务机构应对检验结果进行审核，认为不符合质量要求时，要求设备制造单位进行整改、返修或返工。当发生质量失控或重大质量事故时，应由全过程工程咨询服务总负责人签发暂停令，提出处理意见。全过程工程咨询单位应检查和监督设备的装配过程，符合要求后予以签认。

在设备制造过程中如需要对设备的原设计进行变更，全过程工程咨询服务机构应审查设计变更，并协商处理因变更引起的费用和工期调整。全过程工程咨询单位参加设备整机性能检测、调试和出厂验收，符合要求后予以签认。

在设备运往现场前，全过程工程咨询服务机构应检查设备制造单位对待运设备采取的防护和包装措施，并检查是否符合运输、装卸、储存、安装的要求，以及随机文件、装箱单和附件是否齐全。设备运到现场后，全过程工程咨询单位应参加由设备制造单位按合同约定与接收单位的交接工作。

全过程工程咨询服务专业负责人应按设备制造合同的约定审查设备制造单位提交的付款申请单，提出审查意见，由总咨询工程师审核后签发支付证书。

全过程工程咨询服务专业负责人应审查设备制造单位提出的索赔文件，提出意见后报总咨询工程师，由总咨询工程师签署意见后与投资人、设备制造单位协商处理索赔事件。

全过程工程咨询服务专业负责人应审查设备制造单位报送的设备制造结算文件，并提出审查意见，由总咨询工程师签署意见。

设备监造资料内容包括：
① 建设工程咨询合同及设备采购合同；
② 设备监造工作计划；
③ 设备制造工艺方案报审资料；
④ 设备制造的检验计划和检验要求；
⑤ 分包单位资格报审资料；
⑥ 原材料、零配件的检验报告；
⑦ 工程暂停令、开工及复工报审资料；
⑧ 检验记录及试验报告；
⑨ 变更资料；
⑩ 会议纪要；
⑪ 来往函件；
⑫ 咨询通知与工作联系单；

⑬ 监造日志；
⑭ 监造月报；
⑮ 质量事故处理文件；
⑯ 索赔文件；
⑰ 设备验收文件；
⑱ 设备交接文件；
⑲ 支付证书和设备制造结算审核文件；
⑳ 设备监造工作总结。

2.5 工程质量缺陷与质量事故处理

2.5.1 工程质量缺陷

质量缺陷，是指房屋建筑工程的质量不符合工程建设强制性标准以及合同的约定。

（1）质量缺陷的处理方式

① 质量缺陷处于萌芽状态时：质量指标开始下降，出现有个别的与质量标准稍有偏离的检测数据，出现少量的不影响产品合格检验，但应处理修补的质量缺陷，如混凝土表面的麻面、小面积蜂窝等。这时应及时召开质量问题分析会，采取纠正措施，扭转质量下降的趋势。

② 若正在发生质量缺陷，或已经出现质量缺陷，应暂停施工。待采取保证施工质量的有效措施，并对缺陷进行了正确的补救处理后复工。

③ 当质量缺陷发生在某道工序或单项工程完工以后，而且质量缺陷的存在将对下道工序或分项工程产生质量影响时，应返工处理。

（2）质量缺陷的判定方法

① 凭目测检查。

② 无法以目测方法对质量缺陷做出准确判断，应进行实际检验测试，并依此结果认定质量缺陷。

③ 当质量缺陷被认定，而且质量缺陷的严重程度将影响工程安全时，应邀请设计单位进行现场诊断或验算，以决定采取何种处理措施。

（3）质量缺陷的修补

① 任何质量缺陷的修补，应制定修补方案及方法。

② 修补措施及方法应不降低质量控制指标和验收标准，并应是技术规范允许的或是行业公认的良好工程技术。

2.5.2 工程质量事故

下列等级划分所称的"以上"包括本数，所称的"以下"不包括本数。

（1）工程质量事故的分类　分类方法较多，国家现行对工程质量事故通常采用按造成损失严重程度划分为质量问题、一般质量事故和重大质量事故三类。具体如下：

① 质量问题：质量较差、造成直接经济损失（包括修复费用）在 20 万元以下。

② 一般质量事故：质量低劣或达不到质量标准，需要加固修补，直接经济损失（包括修复费用）在 20 万～300 万元之间的事故。一般质量事故分三个等级：一级一般质量事故，直接经济损失在 150 万～300 万元之间；二级一般质量事故，直接经济损失在 50 万～150 万元之间；三级一般质量事故，直接经济损失在 20 万～50 万元之间。

③ 重大质量事故：由于责任过失造成工程坍塌、报废和造成人员伤亡或者重大经济损失。重大质量事故分三级。一级重大事故：死亡 30 人及以上；直接经济损失 1000 万及以上；特大型桥梁主体结构垮塌。二级重大事故：死亡 10～29 人；直接经济损失 500 万～1000 万元（不含）；大型桥梁结构主体垮塌。三级重大事故：死亡 1～9 人；直接经济损失 300 万～500 万元；中小型桥梁垮塌。

（2）房屋建筑和市政基础设施工程质量事故等级划分 根据《关于做好房屋建筑和市政基础设施工程质量事故报告和调查处理工作的通知》(建质〔2010〕111 号)，工程质量事故造成的人员伤亡或者直接经济损失，工程质量事故分为 4 个等级。

① 特别重大事故，是指造成 30 人以上死亡，或者 100 人以上重伤，或者 1 亿元以上直接经济损失的事故；

② 重大事故，是指造成 10 人以上 30 人以下死亡，或者 50 人以上 100 人以下重伤，或者 5000 万元以上 1 亿元以下直接经济损失的事故；

③ 较大事故，是指造成 3 人以上 10 人以下死亡，或者 10 人以上 50 人以下重伤，或者 1000 万元以上 5000 万元以下直接经济损失的事故；

④ 一般事故，是指造成 3 人以下死亡，或者 10 人以下重伤，或者 100 万元以上 1000 万元以下直接经济损失的事故。

（3）公路水运建设工程质量事故等级划分 根据直接经济损失或工程结构损毁情况（自然灾害所致除外），公路水运建设工程质量事故分为特别重大质量事故、重大质量事故、较大质量事故和一般质量事故四个等级；直接经济损失在一般质量事故以下的为质量问题。

① 特别重大质量事故，是指造成直接经济损失 1 亿元以上的事故。

② 重大质量事故，是指造成直接经济损失 5000 万元以上 1 亿元以下，或者特大桥主体结构垮塌、特长隧道结构坍塌，或者大型水运工程主体结构垮塌、报废的事故。

③ 较大质量事故，是指造成直接经济损失 1000 万元以上 5000 万元以下，或者高速公路项目中桥或大桥主体结构垮塌、中隧道或长隧道结构坍塌、路基（行车道宽度）整体滑移，或者中型水运工程主体结构垮塌、报废的事故。

④ 一般质量事故，是指造成直接经济损失 100 万元以上 1000 万元以下，或者除高速公路以外的公路项目中桥或大桥主体结构垮塌、中隧道或长隧道结构坍塌，或者小型水运工程主体结构垮塌、报废的事故。

（4）全过程工程咨询单位发现可能造成质量事故的重大隐患或已发生质量事故的，总咨询工程师应签发工程暂停令。

全过程工程咨询单位向投资人提交的质量事故书面报告的主要内容包括：工程及各参建单位名称；质量事故发生的时间、地点、工程部位；事故发生的简要经过、造成工程损伤状况、伤亡人数和直接经济损失的初步估计；事故发生原因的初步判断；事故发生后采取的措施及处理方案；事故处理的过程及结果。

第3章 全过程工程咨询施工阶段进度管理

3.1 施工进度管理概述

3.1.1 施工进度管理的概念

建设项目进度控制是指工程项目在施工阶段，为了在施工合同约定的工期内完成工程项目建设任务而开展的全部管理活动的总称。它包括进度计划的制定、跟踪与检查、进度计划控制以及进度计划调整等一系列工作。

3.1.2 影响施工进度的主要因素

（1）有关单位的影响　施工项目的主要施工单位对施工进度起决定性作用，但是建设单位与业主、设计单位、银行信贷单位、材料设备供应部门、运输部门、水电供应部门及政府的有关主管部门都可能给施工某些方面造成困难而影响施工进度。

其中设计单位图纸交付不及时和有错误以及有关部门或业主对设计方案的变动是影响最大的因素。材料和设备不能按期供应，或质量、规格不符合要求，都将使施工停顿。资金不能保证也会使施工进度中断或速度减慢等。

（2）施工条件的变化　施工工程地质条件和水文地质条件与勘察设计的不符，如地质断层、溶洞、地下障碍物、软弱地基以及恶劣的气候如暴雨、高温和洪水等都对施工进度产生影响，造成临时停工或破坏。

（3）技术失误　施工单位采用技术措施不当，施工中发生技术事故；应用新技术、新材料、新结构缺乏经验,不能保证质量等都会影响施工进度。

(4)施工组织管理不利　流水施工组织不合理、劳动力和施工机械调配不当、施工平面布置不合理等将影响施工进度计划的执行。

(5)意外事件的出现　施工中如果出现意外的事件,如战争、严重自然灾害、火灾、重大工程事故、工人罢工等都会影响施工进度。

3.1.3 施工进度管理的主要内容

全过程工程咨询单位的专业咨询工程师(监理)应审查承包人报审的施工总进度计划和阶段性施工进度计划,提出审查意见,并由总咨询师审核后报投资人。

(1)施工进度计划审查的基本内容

① 施工进度计划应符合施工合同中工期的约定;

② 施工进度计划中主要工程项目无遗漏,应满足分批动用或配套动用的需要,阶段性施工进度计划应满足总进度控制目标的要求;

③ 施工顺序的安排应符合施工工艺要求;

④ 施工人员、工程材料、施工机械等资源供应计划应满足施工进度计划的需要;

⑤ 施工进度计划应满足建设单位提供的施工条件(包括资金、施工图纸、施工场地、物资等)。

(2)施工进度计划的跟踪

① 专业咨询工程师在检查进度计划实施情况时应做好记录,如发现实际进度与计划进度不符时,应签发监理通知,要求施工单位采取调整措施,确保进度计划的实施。

② 由于施工单位原因导致实际进度严重滞后于计划进度时,总咨询工程师(总监理工程师)应签发监理通知,要求施工单位采取补救措施,调整进度计划,并向投资人报告工期延误风险。

③ 在项目实施过程中,全过程工程咨询单位应组织、督促进度控制人员定期跟踪检查施工实际进度情况。

3.1.4 施工进度管理的主要方法和措施

(1)项目进度计划的执行、监测和调整　要做好项目进度计划的执行和监督,就要抓好下面几点:细化现场的各项施工安排,监督好人员、材料、机器等各项资源的落实配备;签订劳务合同时要下达作业指导书,并且按照合同中的约定明确工期的各个时间节点和双方应承担的责任、权利和义务;对组织管理和劳务人员进行认真分析,使人员协调一致,在工作中充分发挥自身的主观能动性。

(2)影响工程进度的因素分析　在施工过程中若没有按照时间节点完成工期,那么对施工项目进行复盘时,就要分析其中的影响因素。资金方面,施工工程的资金审批流程通常较为复杂,当资金产生问题时,就需要分析内部的融资情况,跟踪资金的审批流程,监督资金配置的到位情况。施工机械和人力资源方面,要确保工程器械采购、租赁工作到位,为后续工程建设打下坚实基础;配备责任心强,专业技术过硬的人员。除此之外,技术准备也是影响施工进度的因素之一,所以企业需要安排施工人员学习施工图纸,了解设计意图,进行图纸会审等,使其充分发挥主观能动性。

（3）进度控制的组织措施　企业需要建立进度控制目标体系，明确施工进度的控制人员及其职责分工。建立计划的审核制度以及实施中的检查分析制度，建立每个节点的进度协调会议制度，确定会议的时间及地点。

（4）进度控制的经济措施　企业要及时办理工程预付项目的进度款支付手续，对于应急项目给予赶工费用，对提前完成工期给予奖励，工期延误应当收取误期的损失赔偿。

（5）项目年度总计划的进度　按照初步设计确定的建设工期，具体安排单位工程的开工日期和竣工日期。项目年度总计划是依据工程项目建设总进度计划和批准的设计文件进行编制的。该计划既要满足工程项目建设总进度计划的要求，又要与当年可能获得的设备、资金、材料、施工能力相适应。应根据分批配套投产或交付使用的要求，合理安排本年度建设的工程项目。

3.2 施工准备期的进度管理

3.2.1 施工合同工期约定的内容

（1）开工日期的约定　合同约定的开工日期，一般为工期开始计算的相对日期。如开工日期基本已确定，并按此日期做开工准备的，则应约定具体的开工日期；如开工日期尚未确定，则合同约定时应注明，"具体以取得施工许可证后甲方或监理发出的开工令为准"。开工令发出的日期并非开工日期，根据施工合同示范文本应当还有7日的准备期。

建设工程开工时间一般以发包人签发的开工报告确认的时间为准。但如果发包人签发的开工报告确认的开工时间并不具备开工条件时，如早于建设行政主管部门颁发的施工许可证确认的开工时间，则以建设行政主管部门颁发的施工许可证确定的开工时间作为建设工程开工时间；又如发包人签发开工报告后，迟延向承包人提交施工资料、施工场地，则开工时间以发包人实际提交施工资料、施工场地的时间计算。

（2）竣工日期的约定　合同约定的竣工日期，一般为承包人完成工程的相对日期或绝对日期。在没有特殊约定的情况下，竣工日期为工程通过竣工验收的日期。《建设工程施工合同（示范文本）》通用条款中约定，竣工日期为乙方送交竣工验收报告的日期；需修改后才能达到竣工要求的，应为乙方修改后请提甲方验收的日期。但实践中发包人为了规避风险，往往会要求对竣工日期做特别的约定，具体表现在：

① 竣工日期。特别约定为建设工程档案的备案日期。
② 竣工日期。特别约定为竣工验收后再维修整改完成的日期。
③ 竣工日期。特别约定为竣工验收后物业公司再行验收整改合格的日期。
④ 竣工日期。特别约定为可能在承包工程范围外的消防验收、规划验收等各单位或分部验收完成的日期。

如某住宅工程施工合同中约定，工程全部竣工验收及质量合格，需符合三个条件：
① 工程通过质监站参与的竣工验收，质量合格；
② 乙方竣工资料齐全，并办理城建档案馆归档备案手续，取得备案回执；
③ 业主入住前通过物业管理公司的验收，直至最后取得甲方、监理、物业管理、施工四方签字盖章的建设单位工程竣工验收合格证书。

如此约定无疑增加了承包人的义务。承包人在签订对竣工日期有特别约定的合同时,应充分考虑工期的合理性、可操作性;不要为了接工程而草率签下难以履行的合同,而造成被发包人巨额索赔的不利局面。

（3）完工日期的约定　对于一个项目,建设单位分包给多家施工单位施工的,竣工验收可能受其他单位施工影响;所以施工合同补充协议中应明确约定,施工单位完工后提交竣工验收日期视为竣工日期,而不受整个项目竣工验收日期的影响。如某商业大厦工程,在办理竣工验收之后,甲乙方又签订了一个补充协议,对未完工程的工期作了约定;但其中对未完工程量及部分项目整改范围没有作出详细约定,仅约定"乙方确保2006年5月10日完成尚未完成的工程量以及部分项目的整改,交付工程并签订工程交付协议。如延期日罚两万"。实际承包人完成后提请发包人验收,但发包人拒绝验收;承包人起诉发包人要求支付工程款后,发包人以未完工程工期延误为由提起反诉,甚至主张另请承包人对未完工程施工,并赔偿工期违约金。该案件承包人因为未约定明确的未完工程范围、未办理完工验收手续而处于被动局面。所以在约定完工日期时,应特别注意约定办理完工验收的程序或工程已完工但非己方原因无法办理竣工验收时,应注意及时办理完工验收手续。

3.2.2　协助投资人办理开工手续

开工前应协助委托人办理施工报建手续,获得建筑工程施工许可证,为施工单位提供施工条件。

3.2.3　制定施工进度计划和施工进度目标

（1）项目进度计划编制依据应包括下列主要内容。
① 合同文件和相关要求;
② 项目管理规划文件;
③ 资源条件、内部与外部约束条件。

（2）组织应提出项目控制性进度计划。项目管理机构应根据组织的控制性进度计划,编制项目的作业性进度计划。

（3）各类进度计划应包括下列内容。
① 编制说明;
② 进度安排;
③ 资源需求计划;
④ 进度保证措施。

（4）编制进度计划应遵循下列步骤。
① 确定进度计划目标;
② 进行工作结构分解与工作活动定义;
③ 确定工作之间的顺序关系;
④ 估算各项工作投入的资源;
⑤ 估算工作的持续时间;
⑥ 编制进度图（表）;
⑦ 编制资源需求计划;

⑧ 审批并发布。
(5) 编制进度计划应根据需要选用下列方法。
① 里程碑表；
② 工作量表；
③ 横道计划；
④ 网络计划。

3.2.4 审批承建人的施工进度计划

项目进度计划应按有关规定经批准后实施。项目进度计划实施前，应由负责人向执行者交底、落实进度责任；进度计划执行者应制定实施计划的措施。

3.2.5 开工令的下达或协助投资人办理延期开工手续

监理工程师应根据承包单位和业主双方关于工程开工的准备情况，选择合适的时机发布工程开工令。

为了检查双方的准备情况，监理工程师应参加由业主主持召开的第一次工地会议。业主应按照合同规定，做好征地拆迁工作，及时提供施工用地。同时，还应当完成法律及财务方面的手续，以便能及时向承包单位支付工程预付款。承包单位应当将开工所需要的人力、材料及设备准备好。

3.3 施工安装期的进度管理

3.3.1 检查与督促施工进度计划

(1) 项目进度控制应遵循下列步骤。
① 熟悉进度计划的目标、顺序、步骤、数量、时间和技术要求；
② 实施跟踪检查，进行数据记录与统计；
③ 将实际数据与计划目标对照，分析计划执行情况；
④ 取纠偏措施，确保各项计划目标实现。
(2) 对勘察、设计、施工、试运行的协调管理，项目管理机构应确保进度工作界面的合理衔接，使协调工作符合提高效率和效益的需求。
(3) 项目管理机构的进度控制过程应符合下列规定。
① 将关键线路上的各项活动过程和主要影响因素作为项目进度控制的重点；
② 对项目进度有影响的相关方的活动进行跟踪协调。
(4) 项目管理机构应按规定的统计周期，检查进度计划并保存相关记录。进度计划检查应包括下列内容。
① 工作完成数量；
② 工作时间的执行情况；
③ 工作顺序的执行情况；
④ 资源使用及其与进度计划的匹配情况；

⑤ 前次检查提出问题的整改情况。

（5）进度计划检查后，项目管理机构应编制进度管理报告并向相关方发布。

3.3.2 签发暂停施工令

由于承建人的责任导致施工现场不满足施工条件的，或者有安全、质量事故的，应由总咨询工程师（总监理工程师）签发暂停施工令。

3.3.3 处理工期延误和工程延期

（1）项目管理机构应根据进度管理报告提供的信息，纠正进度计划执行中的偏差，对进度计划进行变更调整。

（2）进度计划变更可包括下列内容。
① 工程量或工作量；
② 工作的起止时间；
③ 工作关系及资源供应。

（3）项目管理机构应识别进度计划变更风险，并在进度计划变更前制定下列预防风险的措施。
① 组织措施；
② 技术措施；
③ 经济措施及沟通协调措施。

（4）当采取措施后仍不能实现原目标时，项目管理机构应变更进度计划，并报原计划审批部门批准。

（5）项目管理机构进度计划的变更控制应符合下列规定。
① 调整相关资源供应计划，并与相关方进行沟通；
② 变更计划的实施应与组织管理规定及相关合同要求一致。

3.4 施工期工期补偿管理

在工程施工中，常常会发生一些不能预见的干扰事件使施工不能顺利进行，使预定的施工计划受到干扰，造成工期延长，这样，对合同双方都会造成损失。工期索赔是双面的，包括承包方的工期索赔和发包方的工期反索赔。承包方的工期索赔指工期延误属于发包方责任时，承包方提出的索赔要求，承包方工期索赔的目的通常有两个：一是免去自己对已产生的工期延长的合同责任，使自己不支付或尽可能不支付工期延长的罚款；二是进行因工期延长而造成的费用损失的索赔。发包方的工期反索赔指工期延误属于承包方责任时，发包方对承包方进行索赔，即由承包方支付延期竣工违约金。发包方在确定违约金的费率时，一般要考虑以下因素：本盈利损失；由于工期延长而引起的贷款利息增加；工程拖期带来的附加监理费；由于本工程拖期竣工不能使用，租用其他建筑时的租赁费。违约金的计算方法，在每个合同文件中均有具体规定，一般按每延误一天赔偿一定的款额计算，累计赔偿额一般不超过合同总额的10%。

当发包方未能按合同约定履行自己的各项义务以及应由发包方承担的其他情况，造成工期延误、承包方不能及时得到合同价款及承包方的其他经济损失，承包方可按下列程序以书面形式向发包方索赔：

① 索赔事件发生 28 天内，向工程师发出索赔意向通知；

② 发出索赔意向通知后 28 天内，向工程师提出延长工期和（或）补偿经济损失的索赔报告及有关资料；

③ 工程师在收到施工单位送交的索赔报告及有关资料后，于 28 天内给予答复，或要求施工单位进一步补充索赔理由和证据；

④ 工程师在收到施工单位送交的索赔报告和有关资料后 28 天内未予答复或未对施工单位作进一步要求，视为该项索赔已经认可；

⑤ 当该索赔事件持续进行时，施工单位应当阶段性向工程师发出索赔意向，在索赔事件终了 28 天内，向工程师送交索赔的有关资料和最终索赔报告，索赔答复程序与③④规定相同。建设单位的反索赔的时限与上述规定相同。

3.5 进度计划执行分析

项目实施过程中要对施工进展状态进行观测，掌握进展动态，对项目进展状态的观测通常采用日常观测法和定期观测法。日常观测法是指随着项目的进展，不断观测记录每一项工作的实际开始时间、实际完成时间、实际进展时间、实际消耗的资源、目前状况等内容，以此作为进度控制的依据。定期观测法是指每隔一定时间对项目进度计划执行情况进行一次较为全面的观测、检查；检查各工作之间逻辑关系的变化，检查各工作的进度和关键线路的变化情况，以便更好地发掘潜力，调整或优化资源。

进度控制的核心就是将项目的实际进度与计划进度进行不断分析比较，不断进行进度计划的更新。进度分析比较的方法主要采用横道图比较法，就是将在项目实施中通过观测、检查所搜集到的信息，经整理后直接用横道线并列标注在原计划的横道线处，进行直观比较。通过分析比较，分析进度偏差的影响，找出原因。以保证工期不变、保证质量安全和所耗费用最少为目标，制定对策，指定专人负责落实，并对项目进度计划进行适当调整。调整主要关注点是关键工作、非关键工作、改变某些工作的逻辑关系、重新编制计划、资源调整等。

进度控制管理是采用科学的方法确定进度目标，编制进度计划与资源供应计划，进行进度控制，在与质量、费用、安全目标协调的基础上，实现工期目标。由于进度计划实施过程中目标明确，而资源有限，不确定因素多，干扰因素多，这些因素有客观的、也有主观的，主客观条件的不断变化，计划也随着改变。因此，在项目施工过程中必须不断掌握计划的实施状况，并将实际情况与计划进行对比分析，必要时采取有效措施，使项目进度按预定的目标进行，确保目标的实现。进度控制管理是动态的、全过程的管理，其主要方法是规划、控制、协调。

在项目进度过程中有人首先会强调敏捷方法和传统的指令式项目管理方法在目的上的一致性，就是以达成项目目标（进度、成本、质量、团队等）为目的。但是它们是两种完全不同的解决思想的产物，其中"敏捷"的管理力度更强、更深入、更全面和细致。而且从实际来看，敏捷的项目管理者并不需要拥有比传统的项目管理者更高的能力，相反还更轻松一点。

第4章

全过程工程咨询施工阶段合同管理

4.1 施工阶段合同管理概述

4.1.1 合同的概念

合同又称为契约、协议,是平等的当事人之间设立、变更、终止民事权利义务关系的协议。合同作为一种民事法律行为,是当事人协商一致的产物,是两个以上的意思表示相一致的协议。只有当事人所作出的意思表示合法,合同才具有法律约束力。依法成立的合同从成立之日起生效,具有法律约束力。

4.1.2 建设项目合同管理的概念

合同管理是建设工程项目管理的重要内容之一。

在建设工程项目的实施过程中,往往会涉及许多合同,比如设计合同、咨询合同、科研合同、施工承包合同、供货合同、总承包合同、分包合同等。大型建设项目的合同数量可能达数百上千。所谓合同管理,不仅包括对每个合同的签订、履行、变更和解除等过程的控制和管理,还包括对所有合同进行筹划的过程。因此,建设项目合同管理的主要工作内容有:根据项目的特点和要求确定设计任务委托模式和施工任务承包模式(合同结构)、选择合同文本、确定合同计价方法和支付方法、合同履行过程的管理与控制、合同索赔等。

4.1.3 建设项目合同管理的作用

在工程建设中,工程建设合同是必不可少的。工程建设合同在工程中有着特殊的地位和作用。

（1）工程建设合同确定了工程实施和工程管理的主要目标，是合同双方在工程中各种经济活动的依据。

工程建设合同在工程实施前签订。它确定了工程所要达到的目标以及与目标相关的所有主要的和具体的问题。例如工程建设施工合同确定的工程目标主要有三个方面：

① 工期。包括工程开始、工程结束以及工程中的一些主要活动的具体日期等。

② 工程质量要求、规模和范围。详细的、具体的质量、技术和功能等方面的要求，例如建筑材料、设计、施工等质量标准、技术规范，建筑面积，项目要达到的生产能力等。

③ 费用。包括工程总价格，各分项工程的单位和总价格，支付形式和支付时间等。

它们是工程施工和工程管理的目标和依据。工程中的合同管理工作就是为了保证这些目标的实现。

（2）合同规定了双方的经济关系。合同一经签订，合同双方就结成一定的经济关系。合同规定了双方在合同实施过程中的经济责任，利益和权利。

从根本上来说，合同双方的利益是不一致的。由于利益的不一致，导致工程过程中的利益冲突，造成在工程实施和管理中双方行为的不一致、不协调和矛盾。很自然，合同双方都从各自利益出发考虑和分析问题，采用一些策略、手段和措施达到自己的目的。但又必然影响和损害对方利益，妨碍工程顺利实施。合同是调节这种关系的主要手段，它规定了双方的责任和权益，双方都可以利用合同保护自己的利益，限制和制约对方。

（3）合同是工程建设过程中合同双方的最高行为准则。合同是严肃的，具有法律效力，受到法律的保护和制约。订立合同是双方的法律行为。合同一经签订，只要合同合法，双方必须全面地完成合同规定的责任和义务。如果不能认真履行自己的责任和义务，甚至单方撕毁合同，则必须接受经济甚至法律的处罚。除了特殊情况（如不可抗力因素等）使合同不能实施外，合同当事人即使亏本，甚至破产也不能摆脱这种法律约束力。

（4）合同将工程所涉及的生产、材料和设备供应、运输、各专业施工的分工协作关系联系起来，协调和统一工程各参加者的行为。

由于社会化生产和专业分工的需要，一个工程必须有几个、十几个、甚至更多的参与单位。专业化越发达，工程参加者越多，这种协调关系越重要。在工程实施中，由于合同一方违约，不能履行合同责任，不仅会造成自己的损失，而且会殃及合同伙伴和其他工程参与者，甚至会造成整个工程的中断。如果没有合同的法律约束力，就不能保证工程的各参加者在工程的各个方面，工程实施的每个环节上都按时、按质、按量地履行自己的义务，就不会有正常的工程施工秩序，就不可能顺利地实现工程总目标。

合同管理必须协调和处理各方面的关系，使相关的各合同和合同规定的各工程活动之间不相矛盾，以保证工程有秩序、有计划地实施。

（5）合同是工程建设过程中解决双方争执的依据。由于双方经济利益的不一致，在工程建设过程中争执是难免的。合同争执是经济利益冲突的表现，它常常起因于双方对合同理解的不一致，合同实施环境的变化，有一方违反合同或未能正确履行合同等。合同对争执的解决有两个决定性作用：

① 争执的判定以合同作为法律依据。即以合同条文判定争执的性质，谁对争执负责，应负什么样的责任等。

② 争执的解决方法和解决程序由合同规定。

4.1.4 建设项目合同管理的主要方法

建设项目合同管理主要方法包括合同分析、建立合同管理制度和合同文档管理三个方面。

（1）合同分析　全过程工程咨询服务合同分析的目的是对比分析全过程工程咨询服务合同、设计服务合同、监理委托合同、施工承包合同等主要合同，清晰地确定全过程工程咨询服务、设计服务、监理服务的服务范围、目标，划定全过程工程咨询单位、设计单位、监理单位与业主的权利义务界限，并进行各自范围内的风险责任分析，以便在工程实施过程中进行各方面的控制和处理合同纠纷、索赔等问题。

合同分析包括下列几点内容：

① 分析各个主要的合同事件中，监理、设计、施工单位及业主、全过程工程咨询单位之间的权利义务及责任，各主要合同事件之间的网络关系，建立有关项目管理工作流程。

② 熟悉全过程工程咨询服务管理服务内容，并比较其与通常的项目管理服务内容上的异同之处。针对合同专用条款中的细节问题，找出本工程项目管理难点和重点，并建立相应的项目管理工作制度。

③ 分析项目的工期控制目标，将工期目标用图（网络图或横道图）表示出来，并对总工期控制目标进行风险分析和项目分解，找出关键线路，避免风险措施。

④ 分析质量控制目标和所执行的规范标准、试验规程、验收程序，并围绕质量控制目标，制订一系列的合同管理措施。

⑤ 分析造价控制目标。根据造价目标进行阶段性分解和风险分析，并对项目实施中出现的重点和难点，制订有关管理措施。

⑥ 处理监理与施工单位、总包与分包的合同纠纷问题，包括对于仲裁、咨询、诉讼事宜，为业主提供有关支持性的证据。

（2）合同审查程序和制度

① 以合同为依据，本着实事求是的精神，公正地处理合同执行过程中的各种争议。

② 合同管理坚持程序化，如工程变更、延期、索赔、计量支付等都按固定格式和报表填写。合同价款的增减要有根据，工程变更引起的增减、延期等按照合同约定执行。

③ 施工单位应按月或季报送完成工程量审核报表，经监理工程师严格核实、签证后，作为结算工程款的依据报送全过程工程咨询单位，全过程工程咨询单位审核后报业主。业主签证后才可向施工单位支付工程款。

④ 协助业主严格审查特殊工程与特种工程的分包施工单位，做好其控制工作。

⑤ 建立合同数据档案，把合同条款分门别类合理编号，采用计算机检索管理。

⑥ 根据掌握的文件资料和实际情况，按照合同的有关条款，考虑综合因素，完成有关工作之后对变更费用作出评估，并报业主审批。

（3）合同文档管理　在合同文档管理中，就是要使全过程咨询工程师能迅速地掌握合同及其变化情况，做到快速便捷地查询，对合同执行过程进行动态管理，并为后期的有关合同纠纷积累原始记录。

合同文档管理的做法如下：

① 建立科学的文档编码系统和文档管理制度，按文件的来源和类别分类，以便操作和

查询。

② 合同资料的快速收集与处理。通过建立管理日报制度以及资料采集制度，对施工过程文件，完成原始记录的积累和保存。

4.2 全过程工程咨询施工阶段的履约管理

4.2.1 概述

全过程工程咨询在施工阶段涉及参建各方，合同的履约对工程目标的实现起引领作用，所以对合同的履约进行有效管理尤为重要。全过程工程咨询施工阶段合同履约管理是对各签订合同主体在施工阶段的工作进行计划、组织、检查和控制，对合同履约阶段的重点内容和关键环节实施监测与管理，及时发现和处理合同履约过程中的问题或隐患，防控风险的过程。

4.2.2 施工合同条款分析

（1）合同主体条款　法律对发包人的主体资格没有直接规定，对于依法必须招标项目的招标人，亦即发包人，《中华人民共和国招标投标法》规定应当为法人或其他组织，同时应当具备法律规定的招标条件方可招标。

承包建筑工程的单位应当持有依法取得的资质证书，并在其资质等级许可的业务范围内承揽工程，同时规定禁止建筑施工企业超越本企业资质等级许可的业务范围或者以任何形式用其他建筑施工企业的名义承揽工程，如承包人不具有合法资格，建设工程施工合同将被认定无效。

一般建设工程施工合同不但明确项目经理必须具备注册建造师职业资格，还要求承包人不能擅自更换项目经理，并约定项目经理常驻项目现场的时间。如发包人发现项目经理履行合同职责有缺陷或有其他不称职表现，施工合同中一般会约定发包人有权在项目施工过程中要求承包人更换不称职的项目经理。

（2）承包范围条款　中标人在签订建设工程施工合同时，应要求发包人依据招标文件所载的工程范围约定建设工程施工合同的承包范围。如发包人在中标后签订合同时或合同履行过程中，缩减或增加承包范围的，可能导致中标人在履行合同时产生损失，承包人（即中标人）有权就损失向发包人提出索赔。

（3）工程质量条款　工程质量决定社会公众不特定人群的人身和财产安危，因此，工程质量应首先确保符合国家法律及质量标准的要求。工程质量不合格的承包人无权主张工程价款。

发承包双方可以约定高于国家质量标准的工程质量标准。

（4）合同价格与调整条款

① 合同价格条款。合同当事人在约定合同价格时，可以选择单价形式、总价形式，也可以在专用合同条款中约定其他合同价格形式，合同当事人还应当在专用合同条款中约定风险范围、风险费用的计算方法、风险范围以外合同价格的调整方法。

② 价格调整条款。除合同另有约定的价格调整外，《建设工程施工合同（示范文本）》（2017年版）规定了市场价格波动和法律变化引起调整的两种情形。

a. 市场价格波动下的调价方式。除专用合同条款另有约定外，市场价格波动超过合同当事人约定的范围，合同价格可以按照以下三种方式调整：采用价格指数调整价格差额；比较常见的采用造价信息调整价格差额；专用合同条款约定的其他方式。

b. 法律变化下的调价方式。法律变化导致承包人在合同履行过程中所需要的费用发生除市场价格波动引起的调整以外的增加时，由发包人承担由此增加的费用；减少时，应从合同价格中予以扣减。

需要注意的是：第一，基准日的确定。对于招标发包的工程，通常规定基准日期为投标截止日期前第28天，直接发包的工程，基准日期为合同签订前第28天。该日期的确定综合考虑了招标投标的具体活动或订约前谈判协商的时间。第二，因法律变化引起的合同价格的变动是双向的，或增或减，均应相应调整合同价格。第三，因承包人原因造成工期延误，在工期延误期间出现法律变化的，由此增加的费用和（或）延误的工期由承包人承担。

（5）计量与支付条款

① 关于明确工程量计量规则。通用合同条款一般规定计算规则应以相关的国家标准、行业标准等为依据，具体可以由合同当事人在专用合同条款中约定。

② 关于计量周期。一般可以分为按月计量、按形象进度里程碑节点计量和其他约定计量周期等方式。

③ 关于计量的具体程序和具体内容。

（6）工期条款　因发包人原因导致工期延误的，工期可以顺延，发包人还可能需要向承包人支付因工期延误而增加的费用，且发包人应支付承包人合理的利润。

发包人也应当约定清楚承包人逾期竣工应承担的违约金或违约金的计算方法，以便于在承包人逾期竣工时要求承包人承担逾期竣工的违约责任。

最后，施工合同条款中规定的不利物质条件、异常恶劣的气候条件、暂停施工、提前竣工条款的内容均会对工期产生重要影响，因此，合同当事人在签订建设工程施工合同时，对于这些条款的拟定应当同样明确清晰。

（7）竣工结算与最终结清条款

① 竣工结算申请。竣工结算应以工程质量合格为发包人支付工程款的前提，如果承包人完成的工程质量不合格，无权向发包人主张工程价款。因此关于竣工结算文件提交的时间应按照竣工验收的完成时间作为起算日期。

② 竣工结算审核。发包人应在收到监理人审核后的竣工结算文件后14天内完成审核；如果工程复杂，当事人可以在专用合同条款中对竣工结算设置更长的期限。

监理人未在约定时间内审查，又未提出具体意见的，视为承包人提交的最终结清申请已经监理人核查同意；发包人未在约定时间内审核又未提出具体意见的，监理人提出应支付给承包人的价款视为已经发包人同意。

③ 最终结清。最终结清是合同当事人在缺陷责任期终止证书颁发后，就质量保证金、维修费用等款项进行的结算和支付。

发包人应在监理人出具最终结清证书后的14天内，将应支付款支付给承包人，否则应按照合同的约定承担逾期付款违约金。

最终结清证书是表明发包人已经履行完其合同义务的证明文件，它与缺陷责任期终止证书一样，是具有重要法律意义的文件。

（8）索赔条款

① 索赔逾期失权制度。

② 承包人索赔最终期限的规定。《中华人民共和国标准施工招标文件》（2017年版）规定了承包人申请索赔的最终期限，即承包人按合同约定接收了竣工付款证书后，应被认为无权再提出在合同工程接收证书颁发前所发生的任何索赔；承包人提交的最终结清申请单中，只限于提出在合同工程接收证书颁发后发生的任何索赔。提出索赔的期限自接受最终结清证书时终止。

（9）缺陷责任期和保修条款　缺陷责任期是指承包人按照合同约定承担缺陷修补义务，且发包人扣留质量保证金的期限，自工程实际竣工日期起计算。缺陷责任期一般为6个月、12个月或24个月，具体可由发承包双方在合同中约定。合同当事人可以协商确定缺陷责任期，并且可以约定期限延长，但缺陷责任期最长不超过24个月。

《建设工程质量管理条例》第四十条规定："在正常使用条件下，建设工程的最低保修期限为：（一）基础设施工程、房屋建筑的地基基础工程和主体结构工程，为设计文件规定的该工程的合理使用年限；（二）屋面防水工程、有防水要求的卫生间、房间和外墙面的防渗漏，为5年；（三）供热与供冷系统，为2个采暖期、供冷期；（四）电气管线、给排水管道、设备安装和装修工程，为2年。"

质量保证金的比例最高为签约合同价的3%，合同当事人还应当约定质量保证金的方式，如保证金保函、现金或其他方式。

（10）安全文明施工与环境保护条款

① 安全施工。一般情况下，承包人应当遵循发包人及监理人的指示和要求，但对于发包人和监理人强令承包人违章作业、冒险施工的指示，承包人有权拒绝，此既为施工合同赋予承包人的权利，更是国家法规赋予承包人的法定权利，同时也是承包人的义务。如因执行发包人或监理人的违法违规指示造成安全生产事故的，承包人也要承担相应的法律责任。

② 文明施工。工程所在地有关政府部门对文明施工有特别要求的，承包人须按照其要求执行。另外，发包人和承包人可以在合同条款中约定发包人预付安全文明施工费的时间与支付比例，保障前期安全文明施工措施落实的费用。当事人不得通过专用合同条款或补充协议变更招投标文件或合同中约定的安全文明施工措施费的费用总额。

③ 环境保护。承包人在履行建设工程施工合同的过程中，未充分履行环境保护义务的，可能承担行政处罚责任，且如承包人因环境污染引发侵权事件的，《中华人民共和国民法典》规定："因污染环境、破坏生态造成他人损害的，侵权人应当承担侵权责任。"

在签订和履行建设工程施工合同时，对于环境保护，承包人应注意如下问题：

a. 承包人应在施工组织设计中写明针对施工过程中可能发生的污染而采取的具体措施。若监理人认为该措施不足以防止对环境的污染，承包人需要修改措施，直至监理人认可该措施为止。

b. 承包人在签订合同时应全面考虑可能发生的费用，合同一经签订，就视为承包人已经认识到了保护环境可能面临的所有风险，除非按照合同中"法律变化引起的调整"条款导致承包人保护环境的费用增加，承包人不可就保护环境所发生的其他费用要求发包人进行补偿。

（11）争议解决条款　建设工程施工合同纠纷处理的方式包括和解、调解、仲裁和诉讼。

4.2.3 实施控制

4.2.3.1 对施工合同的实施管理

（1）施工合同的签订前的管理

① 在招标时，通过投标资格审查，对承包人的资格、资信和履约能力进行审查，以筛选合格的潜在投标人。

② 在工程招标定标之后，应做好施工合同的谈判签订管理。在合同谈判期间，依据招标文件、中标人投标书及合同通用条款，逐条进行谈判。对通用条款的哪些条款要进行修改，哪些条款不采用等，都应提出具体要求和建议，与承包人进行谈判。经过谈判后，双方对施工合同内容取得完全一致意见后填入专用条款，即可正式签订施工合同协议书，经双方签字、盖章后即生效。

③ 施工合同条款内容除当事人写明各自的名称、地址、工程名称和工程范围，明确规定履行内容、方式、期限、违约责任以及解决争议的方法外，还应明确建设工期、中间交工工程的开工和竣工时间、工程质量、工程造价、技术资料交付时间、材料设备供应责任、拨款和结算、交工验收、质量保证期、双方互相协作等内容。

（2）施工合同的履行中的管理　施工合同一旦生效，对双方当事人均有法律约束力，双方当事人应当严格履行。施工合同的履行应遵守全面履行和诚信履行的原则。对施工合同履行的管理主要是通过全过程咨询工程师来实现的，工程师应该严格按照施工合同规定进行监督、检查，其具体工作有以下几个方面：

① 在工期管理方面。按合同规定，要求承包人在开工前提出包括分月、分段进度计划的施工总进度计划，并加以审核；按照分月、分段进度计划，进行实际检查；对影响进度计划的因素进行分析，属于发包方的原因，应及时主动解决，属于承包人的原因，应督促其迅速解决；在同意承包人修改进度计划时，审批承包人修改的进度计划；确认竣工日期的顺延；等等。

② 在质量管理方面。检验工程使用的材料、设备质量；检验工程使用的半成品及构件质量；按合同规定的规范、规程，检验施工质量；按合同规定的程序，验收隐蔽工程和需要中间验收工程的质量；验收单项竣工工程和全部竣工工程的质量；等等。

③ 在费用管理方面。严格进行合同约定的价款的管理；当出现合同约定的情况时，对合同价款进行调整；对预付工程款进行管理，包括批准和扣还；对工程量进行核实和确认，进行工程款的结算和支付；对变更价款进行确定；对施工中涉及的其他费用，如安全施工方面的费用、专利技术等涉及的费用，根据合同条款及有关规定处理；办理竣工结算；对保修金进行管理；等等。

（3）施工合同的档案管理　在合同的履行过程中，对合同文件，包括有关的签证、记录、协议、补充合同、备忘录、函件、电报、电传等都做好系统分类，认真管理。为了防止合同在履行中发生纠纷，项目管理人员应及时填写并保存经有关方面签证的文件和单据，主要包括：发包方负责供应的设备、材料进场时间以及材料规格、数量和质量情况的备忘录；材料代用议定书；材料及混凝土试块化验单；经设计单位和工程师签证的设计变更通知单；隐蔽工程检查验收记录；质量事故鉴定书及其采取的处理措施；合理化建议内容及节约分成协议书；中间交工工程的验收文件；赶工协议及提前竣工收益分享协议；其他有关资料。

4.2.3.2 对材料采购合同的实施管理

（1）在招标时，通过投标资格审查，对设备、材料供货商的资格、资信和履约能力进行审查，以筛选合格的潜在投标人。

（2）在工程招标定标之后，应做好材料采购合同的谈判签订管理。在合同谈判期间，依据招标文件、中标人投标书及合同通用条款，逐条进行谈判。对通用条款的哪些条款要进行修改，哪些条款不采用等等，都应提出具体要求和建议，与供货商进行谈判。经过谈判后，双方对材料采购合同内容取得完全一致意见后填入专用条款，即可正式签订材料采购协议书，经双方签字、盖章后即生效。

（3）材料采购合同条款内容应详细写明各种材料的品种、型号、规格、等级、数量等；应写明材料的质量要求和技术标准，即性能、规格、质量、检验方法、包装以及储运条件；应写明交货期限、交货方式及地点、价格条款。

4.2.4 变更管理

（1）工程变更的程序

① 提出变更要求。施工承包人、建设单位或监理工程师均可提出工程变更的要求。施工承包人提出的变更多数是从方便施工角度出发，提出变更要求的同时应提供变更后的设计图纸和费用计算；建设单位提出变更大多是由于当地政府的要求，或者工程性质改变；监理工程师提出变更大多是发现设计错误或不足。

② 监理工程师审查变更。无论是哪一方提出的工程变更，首先均需由监理工程师审查批准。监理工程师审批工程变更时应与项目管理单位和施工承包人进行适当的协商，尤其是一些费用增加较多的工程变更项目，更要与建设单位进行充分的协商，并最终征得建设单位同意后才能批准。

③ 编制工程变更文件。工程变更文件包括：工程变更令，主要说明变更的理由和工程变更的概况，工程变更估价及对合同价的影响；工程量清单，工程变更后的工程量清单与合同中的工程量清单相同，并需附工程量的计算记录及有关确定单价的资料；设计图纸（包括技术规范）；其他有关文件；等等。

④ 发出变更指示。监理工程师的变更指示应以书面形式发出。如果监理工程师认为有必要以口头形式发出指示，指示发出后应尽快加以书面确认。

（2）工程变更的估价 工程变更不应以任何方式使合同作废或失效，但对变更的影响应按合同条件进行估价。如监理工程师认为适当，应以合同中规定的费率及价格进行估价。如合同中未包括适用于变更工作的费率和价格，则应在合理的范围内使用合同中的费率和价格作为估价的基础。若合同清单中既没有与变更项目相同，也没有相似项目时，在监理工程师与建设单位和承包商适当协商后，由监理工程师和承包商商定一个合适的费率和价格作为结算的依据；当双方意见不一致时，监理工程师有权单方面确定其认为合适的费率或价格。

（3）工程签证 工程变更将造成工程成本的变化，为了明确建设单位和承包商的经济责任，加强经济核算工作，保证施工企业的合理收入，要进行工程签证。工程签证的范围一般包括以下方面：施工场地内的障碍物清理；由于设计不通或设计变更通知单下达不及时所造成的人工、材料、机械费用损失；由建设单位负责供应的材料没有及时进场，或材料规格、品种、质量不符而发生调换代用、加工、退货、试验及积压所造成损失；因工地条件限制，材料及半成品需要二次搬运的人工、机械费；停电、停水等造成的窝工费；由于不可抗拒的自然灾害所造成的材料、机械等损失；因气候影响无法施工的停工费；建设单位借用承包商工人的人工费；建设单位要求赶工而增加的人工费及机械台班费；工程缓建或停建，材料及机械迁出费；建设单位与承包商临时协商的人工费及材料费；等等。

(4) 对索赔的管理

① 项目管理人员和监理工程师对索赔文件的处理。索赔文件送达监理工程师后，监理工程师应根据索赔额的大小及对其权限进行判断。若在监理工程师的权限范围内，则监理工程师自行处理；若超出监理工程师权限范围则应由全过程咨询工程师处理。

《建设工程施工合同（示范文本）》规定：工程师接到索赔通知后 28 天内给予批准，或要求承包人进一步补充索赔理由和证据；工程师在 28 天内未予答复，应视为该项索赔已经认可。因此，工程师应充分考虑这种时限要求，尽快审议研究索赔文件。有时，为了赢得足够的时间，工程师可先对索赔文件提出质疑，待承包人答复后再进行处理。

对索赔报告提出质疑有如下几种情况：索赔事件不属于发包人的责任；发包人和承包人共同负有责任，要求承包人划分责任，并证明双方的责任大小；索赔事实依据不足；合同中的免责条款已免除了发包人的责任；承包人以前已放弃索赔要求；索赔事件属于不可抗力事件；索赔事件发生后，承包人未能采取有效措施减小损失；损失计算被不适当地夸大。

② 处理索赔的程序。

a. 谈判协商。处理索赔事项时，最好的办法是举行双边磋商，也就是谈判协商。谈判前应完成对索赔文件的质疑，当认为索赔文件有异议时建议举行双边磋商。在谈判时应主要：

Ⅰ. 了解承包人的真实意图。有时承包人的索赔的关注点并不在索赔这件事本身，其真实意图可能是别的问题；也有的承包人为增强议价的能力而有意高估损失。这些都需要在谈判中了解并判定，只有了解承包人的真实意图后才能有的放矢地处理好索赔。

Ⅱ. 迅速解决谈判。索赔问题的解决宜早不宜迟。因为一来拖延事件会使人们记忆淡薄，对解决索赔更加不利；二来会使双方合作关系紧张，对工程的实施产生不利影响。

b. 邀请公平的中间人进行调解。当谈判无结果而陷入僵局时，则应经过双方协商或单方邀请与索赔无利害关系的中间人（单位），如监理单位，来公平地调解。

(5) 合同管理中的风险防范措施

① 增强风险防范意识，细化双方权利义务条款和违约责任条款，以防止出现问题时双方责任难分清，进而对全过程工程咨询单位及建设单位造成不必要的损失。

② 要求承包人提供合同价一定比例的履约保函，以督促其全面履行合同义务。

③ 要求承包人为其从事危险作业的人员办理意外伤害保险，并为施工场地内自有人员办理保险，以减少意外事故造成的损失。

④ 积极履行全过程工程咨询服务单位合同义务，注意收集工程资料和有关证据，防止被对方索赔，同时利用合同条款积极进行反索赔。

4.3 建设工程施工合同管理

(1) 建设工程合同文件的组成　包括合同协议书、合同通用条款、合同专用条款三部分。

（2）发包人　发包人是指与承包人签订合同协议书的当事人及取得该当事人资格的合法继承人。在全过程工程咨询合同体系中，发包人可以是业主单位，也可以是全过程工程咨询单位，作为建设工程过程中的建设单位参与工程施工过程的管理，履行发包人权利义务。

（3）承包人　承包人是指与发包人签订合同协议书的，具有相应工程施工承包资质的当事人及取得该当事人资格的合法继承人。

（4）质量缺陷责任期　质量缺陷责任期是指承包人按照合同约定承担缺陷修复义务，且发包人预留质量保证金（已缴纳履约保证金的除外）的期限，自工程实际竣工日期起计算。注意与保修期的区别，保修期是指承包人按照合同约定对工程承担保修责任的期限，从工程竣工验收合格之日起计算。

（5）建设工程施工合同的解除　包括因承包人原因的合同解除、因发包人原因的合同解除和不可抗力的合同解除等。合同签订过程中，对于政府投资的全过程工程咨询项目，应明确因政府政策调整等原因造成的合同解除条款约定。

（6）建设工程施工合同的不可抗力　不可抗力是指合同当事人在签订合同时不可预见，在合同履行过程中不可避免且不能克服的自然灾害和社会性突发事件，如地震、海啸、瘟疫、骚乱、戒严、暴动、战争和专用合同条款中约定的其他情形。

（7）建设工程施工合同的争议解决　建设工程施工合同纠纷处理的方式包括和解、调解、仲裁和诉讼。

4.4　设备和材料采购合同管理

4.4.1　设备和材料采购合同的主要内容

设备和材料采购合同的内容，在建设过程中的物资包括建筑材料（含构配件）和设备等。材料和设备的供应一般包括订货、生产（加工）、运输、储存、使用（安装）等各个环节，要经历一个非常复杂过程。物资采购合同分建筑材料采购合同和设备采购合同，其合同当事人为供货方和采购方。

供应方为物资供应单位或建筑材料和设备的生产厂家，采购方为建设单位（业主）、总承包单位或施工承包单位。供货方应对其生产或供应的产品质量负责，而采购方则据合同的规定进行验收。建筑材料采购合同的内容主要包括：

（1）标的　购销物资的名称（注明牌号、商标）、品种、型号、规格、等级、花色、技术标准或质量要求等。合同中标的物应按照行业主管部门颁布的产品规定正确填写，不能用习惯名称或自行命名，以免产生差错。订购特定产品，最好还要注明其用途，以免产生不必要的纠纷。标的物的质量要求应该符合国家或者行业现行有关质量标准和设计要求，应该符合采用标准和以说明、实物样品等方式表明的质量状况，约定质量标准的一般原则是：

① 按颁布的国家标准执行。

② 没有国家标准而有部颁标准的则按照部颁标准执行。

③ 没有国家标准和部颁标准为依据时，可按照企业标准执行。

④ 没有上述标准或虽有上述标准但采购方有特殊要求，按照双方在合同中约定的技术条件、样品或补充的技术要求执行。

合同内必须写明执行的质量标准代号、编号和标准名称，明确各类材料的技术要求、试验项目、试验方法、试验频率等。采购成套产品时，合同内也需要规定附件的质量要求。

（2）数量　合同中应该明确所采用的计量方法，并明确计量单位。凡国家、行业或地方规定有计量标准的，合同中应按照统一标准注明计量单位，不可以用含混不清的计量单位。应当注意的是，若建筑材料或产品有计量换算问题，则应按照标准计量单位确定订购数量。

供货方发货时所采用的计量单位与计量方法应该与合同一致，并在发货明细表或质量说明书中注明，以便采购方检验。运输中转单位也应该按照供货方发货时所采用的计量方法进行验收和发货。

采购数量必须在合同中注明，尤其是一次订购分期供货的合同，还应明确每次进货的时间、地点和数量。

建筑材料在运输过程中容易造成自然损耗，如挥发、飞散、干燥风化、潮解、破碎。在装卸操作或检验环节中换装、拆包检查等也会造成物资数量的减少，这些都属于途中自然减量。但是，有些情况不能作为自然减量，如非人力所能抗拒的自然灾害所造成非常损失，由于工作失职和管理不善造成的失误。因此，对于某些建筑材料，还应在合同中写明交货数量的正负尾数差、合理磅差和运输途中的自然损耗的规定及计算方法。

（3）包装　包装标准是指产品包装的类型、规格、容量以及标记等。产品或者其包装标识应该符合要求，如包括产品名称、生产厂家、厂址、质量检验合格证明等。包装物一般应由建筑材料的供货方负责供应，并且一般不得另外向采购方收取包装费。如果采购方对包装提出特殊要求时，双方应在合同中商定，超过原标准费用部分由采购方负责；反之，若议定的包装标准低于有关规定标准，也应相应降低产品价格。

包装物的回收办法可以采用如下两种形式：

① 押金回收：适用于专用的包装物，如电缆卷筒、集装箱、大中型木箱等；

② 折价回收：适用于可以再次利用的包装器材，如油漆桶、麻袋、玻璃瓶等。

（4）交付及运输方式　交付方式可以是采购方到约定地点提货或供货方负责将货物送达指定地点两大类。如果是由供货方负责将货物送达指定地点，要确定运输方式，可以选择铁路、公路、水路、航空、管道运输及海上运输等，一般由采购方在签订合同时提出要求，供货方代办发运，运费由采购方负担。

（5）验收　合同中应该明确货物的验收依据和验收方式。

验收依据包括以下内容。

① 采购合同。

② 供货方提供的发货单、计量单、装箱单及其他有关凭证。

③ 合同约定的质量标准和要求。

④ 产品合格证、检验单。

⑤ 图纸、样品和其他技术证明文件。

⑥ 双方当事人封存的样品。

验收方式有驻厂验收、提运验收、接运验收和入库验收等方式。

① 驻厂验收：在制造时期，由采购方派人在供应的生产厂家进行材质检验。

② 提运验收：对加工订制、市场采购和自提自运的物资，由提货人在提取产品时检验。

③ 接运验收：由接运人员对到达的物资进行检查，发现问题当场作出记录。

④ 入库验收：是广泛采用的正式的验收方法，由仓库管理人员负责数量和外观检验。

（6）交货期限　应明确具体的交货时间。如果分批交货，要注明各个批次的交货时间，交货日期的确定可以按照下列方式。

① 供货方负责送货的，以采购方收货戳记的日期为准。

② 采购方提货的，以供货方按合同规定通知的提货日期为准。

③ 凡委托运输部门或单位运输、送货或代运的产品，一般以供货方发运产品时承运单位签发的日期为准，不是以向承运单位提出申请的日期为准。

（7）价格

① 有国家定价的材料，应按国家定价执行。

② 按规定应由国家定价的但国家尚无定价的材料，其价格应报请物价主管部门批准。

③ 不属于国家定价的产品，可由供需双方协商确定价格。

（8）结算　合同中应明确结算的时间、方式和手续。首先应明确是验单付款还是验货付款。结算方式可以是现金支付和转账结算。现金支付适用于成交货物数量少且金额小的合同；转账结算适用于同城市或同地区内的结算，也适用于异地之间的结算。

（9）违约责任　当事人任何一方不能正确履行合同义务时，都可以以违约金的形式承担违约赔偿责任。双方应通过协商确定违约金的比例，并在合同条款内明确。

① 供货方的违约行为可能包括不能按期供货、不能供货、供应的货物有质量缺陷或量不足等。如有违约，应依照法律和合同规定承担相应的法律责任。

供货方不能按期交货分为逾期交货和提前交货。发生逾期交货情况，要按照合同约定，依据逾期交货部分货款总价计算违约金。对约定由采购方自提货物的，若发生采购方的其他损失，其实际开支的费用也应由供货方承担。比如，采购方已按期派车到指定地点接收货物，而供货方不能交付时，派车损失应由供货方承担。对于提前交货的情况，如果属于采购方自提货物，采购方接到提前提货通知后，可以根据自己的实际情况拒绝提前提货。对于供货方提前发运或交付的货物，采购方仍可按合同规定的时间付款，而且对多交货部分，以及不符合合同规定的产品，在代为保管期内实际支出的保养费由供货方承担。供货方不能全部或部分交货，应按合同约定的违约金比例乘以不能交货部分货款来计算违约金。如果违约金不足以偿付采购方的实际损失，采购方还可以另外提出补偿要求。供货方交付的货物品种、型号、规格、质量不符合合同约定，如果采购方同意利用应当按质论价；采购方不同意使用时，由供货方负责包换或包修。

② 需方采购方的违约行为可能包括不按合同要求接受货物、逾期付款或拒绝付款等，应依照法律和合同规定承担相应的法律责任。

合同签订以后，采购方要求中途退货，应向供货方支付按退货部分货款总额计算的违约金，并要承担由此给供货方造成的损失。采购方不能按期提货，除支付违约金以外，还应承担逾期提货给供货方造成的代为保管费、保养费等。采购方逾期付款，应该按照合同约定支付逾期付款利息。

4.4.2　成套设备采购合同的主要内容

成套设备供应合同的一般条款可参照建筑材料供应合同的一般条款，包括产品（设备）的名称、品种、型号、规格、等级、技术标准或技术性能指标；数量和计量单位；包装标准及包装物的供应与回收；交货单位、交货方式、运输方式、交货地点、提货单位、交（提）货期限；验收方式；产品价格；结算方式；违约责任；等等。此外，还需要注意的是以下几个方面。

（1）设备价格与支付　设备采购合同通常采用固定总价合同，在合同交货期内价格不进行调整。应该明确价格所包括的设备名称、套数，以及是否包括附件、配件、工具和损耗品的费用，是否含调试、保修服务的费用等。合同价内应该包括设备的税费、运杂费、保险费等与合同有关的其他费用。合同价款的支付一般分三次：

① 设备制造前，采购方支付设备价格的 10% 作为预付款。

② 供货方按照交货顺序在规定的时间内将货物送达交货地点，采购方支付该批设备价的 80%。

③ 剩余的 10% 作为设备保证金，待保证期满，采购方签发最终验收证书后支付。

（2）设备数量　明确设备名称、套数、随主机的辅机、附件、易损耗备用品、配件和安装修理工具等，应于合同中列出详细清单。

（3）技术标准　应注明设备系统的主要技术性能，以及各部分设备的主要技术标准和技术性能。

（4）现场服务　合同可以约定设备安装工作由供货方负责还是采购方负责。如果由采购方负责，可以要求供货方提供必要的技术服务、现场服务等内容，可能包括供货方派必要的技术人员到现场向安装施工人员进行技术交底，指导安装和调试，处理设备的质量问题，参加试车和验收试验等。在合同中应明确服务内容，对现场技术人员在现场的工作条件、生活待遇及费用等作出明确规定。

（5）验收和保修　成套设备安装后一般应进行试车调试，双方应该共同参加启动试车的检验工作。试验合格后，双方在验收文件上签字，正式移交采购方进行生产运行。若检验不合格，属于设备质量原因，由供货方负责修理、更换并承担全部费用；如果由于工程施工质量问题，由安装单位负责拆除后纠正缺陷。合同中还应明确成套设备的验收办法以及是否保修、保修期限、费用分担等。

4.4.3　设备和材料采购合同管理中咨询人的主要职责

设备和材料采购合同一旦生效，对双方当事人均有法律约束力，双方当事人应当严格履行。材料采购合同的履行应遵守全面履行和诚信履行的原则。对材料采购合同履行的管理主要是通过全过程咨询管理工程师来实现的。工程师应当严格按照材料采购合同规定完成采购方的工作和应尽义务。同时对供货方的履行活动按材料采购合同的规定进行监督、检查，其具体工作有以下几个方面：

① 按照合同规定的日期，督促供应商按期交付材料，防止进度拖延。

② 按合同规定的标准和方法对货物的名称、品种、规格、型号、数量、质量、包装等进行检测和测试，以确定是否与合同相符。

③ 按合同中明确规定货款的结算办法和结算时间对材料采购已经履行的部分进行按实结算。

4.5　施工合同的跟踪与诊断

在工程施工过程中，作为全过程工程咨询单位，对各参与方对各自合同的履约情况进行有效的跟踪和诊断是合同管理的重要工作，通过及时有效的跟踪和诊断，对工程实施过程中出现的偏差及时纠偏和采取措施，使得工程各项目标能够有效的实现。

（1）及时做好合同跟踪

① 对合同文件和各种工程文件资料进行分析整理，或通过对施工现场的直接了解得到反应工程实施状况的信息。

② 分析工程实施状况与合同、合同分析文件等的差异和差异程度，如工期拖延、成本超支、质量不合要求等。

③ 分析工程中存在的问题，评价合同履行情况，提出分析报告。

（2）根据合同分析结果，实施有效的合同监督

① 现场中对各单位工作的监督，给它们以合同方面的帮助，如落实计划、提供工作保证、协调他们之间的关系等，对出现的问题进行合同方面的解释。

② 对参建单位合同进行监督，协调与他们的关系，如督促他们完成合同职责，检查对方合同责任情况，进行合同索赔与反索赔，处理合同纠纷等。

③ 对各种来往信件、会议纪要、索赔文件、合同变更文件等做合同方面的审查和控制，并做好记录，及时预防行为的法律后果，弥补自己工作中的漏洞，而且有利于寻找对方工作中的漏洞，及时提出索赔要求。

④ 经常性地解释合同，对工程中出现的特殊问题进行合同扩展分析，及时预防行为的法律后果，弥补自己工作中的漏洞，并参与各种检查验收，并提出相应的报告。

（3）进行有效的合同诊断

① 逐条分析各个问题产生差异的原因及内部和外部的各种影响因素，并分析各种影响因素影响程度的大小。

② 分别确定各个影响因素由谁引起，按合同规定应由谁承担责任以及承担责任的大小。

③ 对这些问题和差异采取什么样的解决措施。如责任方增加生产要素投入，采取新的技术方案，提出索赔要求，修改计划或修订合同。总之，使合同管理贯穿于从投标到工程竣工的全过程，既有利于合同目标的实现，又使技术和经济相结合，产生良好的经济效益。

4.6　合同的完善与补充

工程实施过程中，出现原合同未约定或实际执行情况发生变化，原合同条款需要修订或者补充，就需要签订合同"补充协议"或者称为"协议补充"。即当事人对于合同中没有约定或者约定不明确的的内容而达成的协议。补充协议是相对于已经存在的合同而言的，"补充协议"就是通过协议方式补充已经存在的合同中存在的漏洞。

已经存在的合同与补充协议之间是主从关系。已经存在的合同是主合同，补充协议是从合同。已经存在的合同作为主合同不以补充协议的存在为前提，或者说不受补充协议的制约而独立存在。反之，补充协议必须以已经存在的合同为前提，自身不能独立存在。

《中华人民共和国民法典》规定:"合同生效后,当事人就质量、价款或者报酬、履行地点等内容没有约定或者约定不明确的,可以协议补充。"据此,只有主合同生效,因质量、价款等没有约定或者约定不明确造成履行困难的情形下,才能通过协议补充没有约定或者约定不明确的事项,以利于主合同的履行,从而实现当事人订立主合同的目的。签订合同的补充协议时,应当注意以下问题:

① 补充协议的当事人应当与原合同当事人严格一致。

② 补充协议的形式应当与原合同一样完备。

③ 严格防止与原合同发生内容矛盾。

第5章 全过程工程咨询施工阶段的安全生产管理

安全生产,是指在生产经营活动中,为避免造成人员伤害和财产损失的事故而采取相应的事故预防和防控措施,以保证从业人员人身安全,保证生产经营活动得以顺利进行的相关活动。概括地说,安全生产是指采取一系列措施使得生产过程在符合规定的物质条件和工作秩序下进行,有效消除或控制危险和有害因素,不出现人身伤亡和财产损失等生产事故,从而保障人员安全与健康、设备和设施免受损坏、环境免遭破坏,使生产经营得以顺利进行的一种状态。

5.1 工程施工安全生产管理

5.1.1 施工安全生产管理的概念和特点

建设工程施工安全生产管理,一般是指工程施工过程中,通过一定的措施和方法使整个施工过程中所关联的一切人、物(机)、环境等和谐运作,进而使建设过程中潜在的各种事故风险和伤害因素始终处于有效控制状态,切实保护劳动者的生命安全、身体健康和财产安全。

建设工程施工阶段有三大特点:一是产品固定,人员流动大;二是露天作业、高处作业多,受作业条件和施工环境影响大;三是施工现场限定,施工动态变化大,规则性差,不安全因素较多且随着工程进度变化而变化。基于以上特点,施工现场必须随着工程进度的推行,及时更新施工现场危险源清单,根据实际进度情况及时变更安全防控重点和方向,及时调整安全防护设施和各项安全措施,确保施工阶段安全生产。

5.1.2 施工安全生产管理的程序和基本要求

5.1.2.1 安全生产管理程序

工程咨询安全管理人员在做好施工准备阶段各项安全管理工作的基础上，要随时掌握施工过程中的各项施工作业活动，实施作业前、作业过程中以及作业后的安全管理工作，其重点仍然是坚持"安全发展、安全第一、预防为主、综合治理"的方针。

项目工程施工安全生产管理流程如图 5-1 所示，其重点在于对施工前安全准备工作的落实如方案审批、技术交底等，以及对施工过程安全的核查，以确保基础管理工作和施工现场工作能有序开展。

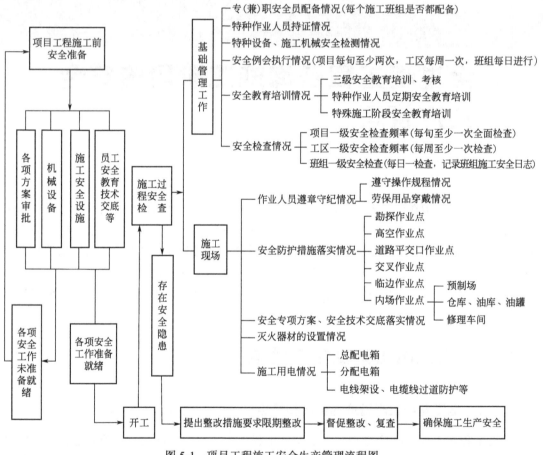

图 5-1 项目工程施工安全生产管理流程图

5.1.2.2 安全生产管理基本要求

（1）必须取得施工许可证后方可施工。

（2）必须建立健全安全管理保障制度。

（3）各类人员必须具备相应的安全生产资格方可上岗。

（4）所有新工人必须经过三级安全教育，即施工人员进场作业前进行公司、项目部、作业班组的安全教育。

（5）特种作业人员，必须经过专门培训，并取得特种作业资格。

（6）对查出的事故隐患做到整改"五定"要求。

（7）必须把好安全生产的"七关"标准。

5.1.3 咨询工程师施工安全生产管理的内容

咨询工程师应根据国家现行法律法规、工程建设强制性标准、行业规范的要求，将安全生产管理的工作内容、方法和措施纳入管理规划和管理实施方案，明确安全管理的范围、内容、工作程序和制度措施，以及人员配备计划和职责等。

安全管理工作主要分为三个阶段：施工准备阶段安全管理的准备工作，施工准备阶段安全管理检查、审查工作，施工过程中的安全管理工作。

5.1.3.1 施工准备阶段的安全管理准备工作

（1）施工准备阶段安全管理的准备工作和施工准备阶段安全管理工作同步进行。熟悉设计文件，了解工程特点、施工安全的关键部位和危险源，制定危险源清单，督促承包单位按照设计文件进行安全措施制定。在熟悉施工图纸时咨询工程师应检查施工图纸审批签认是否齐全、合法、合规，是否符合政府有关批文的要求；施工图纸和设计说明文件是否完整，是否符合施工图纸审查报告意见；图纸中所用的新材料、新技术、新工艺是否具备主管部门的批准文件；设计说明文件是否有关于施工中注意事项的说明；施工图纸规定的施工工艺是否符合规范规定，施工图纸中是否存在错漏碰缺的情况；各专业设计图纸是否符合现行劳动保护、环保、消防、人防等法律法规；设计深度是否满足施工需要；等。组织设计交底会，充分了解设计主要思想、设计意图、技术标准、技术要求和注意事项，熟悉项目特征、项目建设条件、承包单位相关资料，初步分析识别、评价项目施工危险源，编制安全生产管理规划，配置相关检测工具和资料文件。

（2）建立安全管理组织机构体系。根据建设工程安全生产管理法律法规、规范规程及企业目标的要求，组建以项目经理、安全管理工程师、安全管理员三个层次的项目安全管理机构及安全管理责任体系；编制安全管理规划及安全管理实施方案，编制施工危险源清单、危险性较大的分部分项工程一览表及安全管理计划。

5.1.3.2 施工准备阶段安全管理检查、审查工作

（1）熟悉工程承包合同，明确承发包模式和合同类型，了解合同双方的权利和义务，明确建设工程的工期、目标、工程建设标准等。审查施工单位安全生产规章制度的建立和落实情况，审查施工单位安全生产许可证及施工单位项目经理、专职安全生产管理人员和特种作业人员的资格，核查施工机械和设施的安全许可备案手续；协助建设单位完成开工前的安全预控工作，告知建设单位的安全责任，协助建设单位与承包单位签订建设施工安全责任书并及时办理相关项目安全监督备案手续。

（2）检查总承包单位施工现场安全生产保证体系，督促施工总包单位检查各分包单位的安全生产管理制度和安全管理体系，审查施工组织设计的安全技术措施和专项施工方案，并对实施过程进行监督检查。检查施工单位在工程项目上的安全生产规章制度和安全生产管理机构的建立、健全及专职安全生产管理人员配备情况，督促施工单位检查各分包单位的安全生产规章制度的建立情况。

5.1.3.3 施工过程中的安全管理工作

（1）咨询工程师做好施工准备阶段各项安全管理工作的基础上，在施工过程的各项施工作业活动中，对事前、事中、事后的安全做好把控，其工作重点仍然是坚持"安全发展、安全第一、预防为主、综合治理"的方针，做好施工作业前后的安全防控工作。在施工作业过程中，安全管理采用日常巡检巡查、定期检查、组织专项安全检查和季节性安全检查、组织现场安全会议、旁站跟踪监督、平行检验等方式实施现场的监督检查。安全管理的日常巡检巡查次数根据危险源具体情况而定，对于重点部位、关键工序、危险性较大的物资加大日常巡检巡查密度并实时做好记录，当有潜在发生性风险时应果断采取应对措施并及时汇报。对于技术复杂、专业性强、安全施工风险大的关键部位，咨询工程师应在施工现场跟踪监督并做好记录。

（2）在施工过程中检查施工单位现场安全生产保证体系的运行工作情况，督促检查施工单位做好三级安全教育、逐级安全技术交底和工人岗前安全培训教育，建立总包、分包单位报审台账表；检查施工单位项目经理、专职安全生产管理人员和专职管理人员到岗情况和工作情况，检查施工单位安全生产管理制度落实情况，每月不定期抽查并做好记录；督促检查施工单位是否按照批准的施工组织设计中的安全技术措施和专项施工方案执行，及时制止违规作业，重点检查、监督危险性较大工程的安全专项施工方案或安全技术措施的落实情况。督促施工单位对危险性较大工程施工作业进行安全自查，并对其进行抽查，施工过程中定期检查危险性较大工程作业情况，必要时应对关键环节、危险点源实施安全旁站管理。对施工过程中安全设施状况进行检查确认，对安全防护措施不到位或存在安全隐患的，及时通知承包单位进行整改，直至合格，检查安全生产费用使用情况并记录。检查承包单位直接影响施工安全的临电设施、施工机械和设备，要求其技术状况完好、检定合格。核查施工起重机械、整体提升脚手架、模板等自升式架设设施和安全设施的使用情况是否严格按照起重机安装、拆除专项施工方案和使用方案执行。

5.1.4 咨询工程师施工安全生产管理的巡视检查

5.1.4.1 巡视检查范围

咨询工程师对施工现场检查范围为施工单位的施工作业计划范围，要求施工总包单位书面提交施工作业计划。正常工作时间以外（一般指夜间和节假日）的验收及危险性较大工程的施工必须提前1天报咨询工程师或咨询机构备案后方可进行。

对项目咨询工程师正常工作时间以外的，施工作业计划范围内的施工，咨询工程师要求施工总包单位提前书面上报相关施工内容、施工时间段等详细施工安排，项目咨询工程师在收到相关上报资料后，按相关要求进行巡视检查，对于属于危险性较大的分部分项工程应加大巡视检查力度。

5.1.4.2 巡视、检查、讲评

咨询工程师对于施工现场的安全巡检巡查应留下记录。

施工单位专职安全生产管理人员及相关专业技术人员到岗工作情况。

检查现场的施工作业是否严格按照审查通过的施工方案、专项方案执行，建筑起重机设备使用情况是否严格按照报审通过的起重机安装、拆除工程专项施工方案及使用方案实施，

检查现场作业违反强制性标准情况，及时制止现场违规作业并书面要求限期整改，直至合格。

施工现场存在的安全事故隐患是否按照咨询工程师或机构的指令整改完毕，咨询工程师或机构签发的工程暂停令实施情况。

参加建设单位组织的安全生产专项检查。定期组织项目参建各方进行安全专项检查（含异常气候、节假日期间），并对检查后的项目安全生产状况讲评、通报各方。

发现施工现场存在安全事故隐患及安全设施不符合安全标准强制性条文要求的情况，及时要求施工单位限期整改，施工单位对存在严重安全事故隐患拒不整改或者拒不停工的，及时向政府相关监管部门报送管理报告。

对危险性较大的分部分项工程高危作业时，加大巡视检查力度，每日巡视检查次数不少于两次，并填写巡视检查记录，必要时应对关键环节、危险点实施旁站措施。

督促施工单位做好洞口、临边、高处作业等危险部位的安全防护工作，并设置明显的安全警示标识。

对施工总包单位组织的安全生产检查每月至少抽查一次，并增加节假日，季节性、灾害性天气期间以及主管部门有规定要求时的抽查次数。

将施工现场安全生产重要情况和施工安全隐患的音像资料摘要记入安全管理月报，并对当月施工的现场安全施工状况和安全管理工作作出评述。

5.1.5 咨询工程师施工安全生产管理的责任

全过程工程咨询管理机构的安全管理工作由咨询项目经理全面负责，现场代表协助项目经理负责安全管理工作。咨询工程师负责日常安全管理工作，各专业工程咨询师、咨询员分别负责各专业内的安全管理工作，安全管理目标责任按层级分解到位，落实到人。

工程咨询机构各级人员的安全管理责任如下：

（1）咨询项目经理

① 全面负责全过程工程咨询机构的安全生产管理工作。

② 明确全过程工程咨询机构中咨询工程师及各岗位人员的安全生产管理职责。

③ 检查全过程工程咨询机构中安全生产管理工作制度的落实情况。

④ 组织编写包含安全生产管理工作内容的项目咨询管理规划大纲，审批项目咨询管理实施方案。

⑤ 组织审查施工组织设计中的安全技术措施、专项施工方案和应急救援预案。

⑥ 签发工程暂停令并同时报告建设单位，签发进度款支付证书。

⑦ 参与分部工程、单位工程、单项工程验收及竣工验收。

（2）咨询工程师的安全生产管理责任

① 在咨询项目经理领导下，参与全过程工程咨询机构的安全生产管理工作。

② 负责编制本专业咨询管理实施方案并报项目经理审批。

③ 负责审查施工单位的资质证书、安全生产许可证、三类人员证书、检查施工单位工程项目安全生产管理规章制度、安全生产管理机构的建立情况，参与审查施工组织设计中的安全技术措施、专项施工方案和应急救援预案。

④ 负责审查施工单位报送的危险性较大工程的工程清单和需由全过程工程咨询机构核查的起重机械和自升式架设设施的验收手续。

⑤ 协助审核施工单位安全防护、文明施工措施费用的使用情况。

⑥ 负责对专项施工方案实施情况进行定期巡视检查和记录，发现安全事故隐患及时报告项目经理并参与处理。

⑦ 填写管理日志中安全生产管理方面的工作，参与编写咨询管理月报。

⑧ 协助咨询项目经理处理安全事故中涉及的咨询工作。

⑨ 提供与其职责有关的安全生产管理资料。

（3）咨询管理员的安全生产管理责任

根据全过程工程咨询机构安排，在本专业范围内，检查施工现场安全生产状况，监督承包单位遵照强制性施工安全技术标准、施工组织设计、专项方案组织施工，担任旁站工作。发现安全隐患及时指出并要求承包单位及时整改，制止无效时，应及时报告咨询工程师或咨询项目经理，并做好检查记录。

（4）土建咨询工程师安全管理责任

① 在咨询项目经理的指导下开展现场工作，在土建管理工作中，严格执行已批准的施工组织设计、专项施工方案，根据安全技术措施和安全操作规程进行安全检查记录。

② 严格按照施工组织设计、专项施工方案、工艺工法和安全技术交底进行安全管理工作；检查承包单位投入工程项目的人力、材料、机械、设备、安全设施及其使用、运行状况并做好记录。

③ 对管理范围内一切安全防护措施的巡视检查负责，对重点部位或特殊部位跟踪到位，保证安全措施的实施，复核或从施工现场直接获取与施工安全生产有关的信息或有关数据并签署原始凭证。

④ 在每日例行检查过程中，按设计图纸和有关法律法规、工程强制性标准，对承包单位的工艺过程或施工工序、"三宝""四口""五临边"、模板工程、脚手架工程等重点部位的安全防护加强巡视检查和记录，对加工制作、工序施工质量、施工机械、安全设施的检查结果进行记录。

⑤ 担任旁站工作，发现安全隐患问题及时指出并要求承包单位整改，情况严重的应及时向咨询项目经理报告。

⑥ 每日例行检查，发现现场人员违章指挥、违章操作、野蛮施工、冒险作业的，立即要求整改并做好记录。

⑦ 督促承包单位加强安全文明施工管理，创建文明施工现场。

（5）安装咨询工程师安全管理责任

① 在安装管理工作中，严格执行审查通过的施工组织设计、专项施工方案，根据安全技术措施和安全操作规程进行安全巡视检查记录。

② 对施工现场和生活区临时用电的配电箱、电缆、电线、漏电保护装置和其他用电设备等的完好性进行巡视检查记录，确保其安全运行正常使用。

③ 要求施工单位配备合格的临电管理人员和电工，加强对临电使用的安全管理，确保临电使用安全。

④ 对大型机械设备的安全管理，从租赁、安拆、设备性能等把关，对安全协议签订、现场安全交底、产权单位的自检、设备完好性等方面进行检查控制。

⑤ 对施工现场和生活区的消防泵、消防水箱、消防管线、水带、灭火器等消防设备的

完好性、有效性进行巡视检查记录，必要时进行演练。

⑥ 严格管理现场动火作业，严格执行动火审批制度，查验电工、焊工、氧割工等持证上岗情况以及消防管理制度、措施等，督促检查施工单位现场消防安全管理人员配置情况。

（6）工程咨询资料员安全管理责任

① 对施工单位上报的方案和安全技术措施等及时传递给相关责任人员，并在处理后及时分类归档。

② 对建设单位、施工单位签发的文件及时传递给相关责任人，并在处理后及时分类归档。

③ 及时收集汇总从施工现场返回的有关施工安全生产的信息、数据和原始凭证，整理后传递给相关责任人。

④ 及时对其他有关安全管理的资料进行整理、分类、归档。

5.1.6 施工安全生产管理文件的编制

5.1.6.1 安全管理规划

项目安全管理规划是指导全过程工程咨询机构开展安全管理工作的指导性文件。其根据合同约定，结合工程项目的具体情况编制。安全管理规划是项目管理规划的组成部分，可以单独编制，也可以列入项目管理规划的章节之中。

项目安全管理规划内容的重点是工程项目的重大施工危险源的识别和管控措施，应在该规划的工作内容、工作方法等章节中作出具体的阐述。安全管理规划必须具有针对性，危险源的分析、识别应与项目施工的具体情况相符合。单独编制的安全管理规划，其审批手续与一般项目管理规划相同，应由项目咨询经理组织编制，企业技术负责人审批，在施工过程中危险源情况发生变化时，安全咨询工程师应根据项目具体实际情况对安全管理规划作出相应的修改和完善，并重新办理审批手续。

项目安全管理规划应包含以下内容。

① 工程概况及项目特点、重点、难点。
② 安全生产管理的工作目标和工作依据。
③ 安全生产管理的工作内容及范围。
④ 安全生产管理的组织机构、配备人员情况、职责分工及进退场计划。
⑤ 安全生产管理的工作程序。
⑥ 安全生产管理的工作制度及措施。
⑦ 已识别需要核查的施工机械、设施的验收手续情况表。
⑧ 安全生产管理实施方案编写计划。
⑨ 根据规定需要核查验收的其他事项。
⑩ 已识别的危险性较大的分部分项工程情况表。
⑪ 施工阶段危险源清单。

5.1.6.2 安全管理实施方案的编制

国家现行法律法规规定危险性较大的分部分项工程，应当编制实施细则。在此基础上，为顺应全过程工程咨询的新型业态模式，应针对危险性较大的分部分项工程编制有针对性的、契合项目实际情况的安全管理实施方案，实施方案应当明确安全生产管理的方法、措施和控制要点,以及对施工单位安全技术措施的检验、检查方法和手段。值得注意的是,凡列入已识别的危险性较大的分部分项工程情况表的均应编制具体的对应管理实施方案。

安全生产管理实施方案是根据安全管理规划,由专业安全咨询工程师编写,经咨询项目经理批准实施,主要针对工程项目的各专业施工、设施作业、危险性较大的危险源安全管理工作的操作性文件。

安全管理实施方案除应满足相关规定外,还应针对工程施工危险源的特点,明确安全管理工作的具体实施方式,安全管理实施方案应包含以下内容:

(1)工程概况 包括工程的建筑面积、结构类型、工艺类型、进度要求、环境影响等。
(2)工作目标 根据安全文明施工目标确定。
(3)组织架构及职能职责 安全管理人员逐级分工及职责。
(4)危险源分析及监控措施、方法、手段 施工工艺特点、关键节点、关键工序、关键部位、设施设备、危险源及监理控制风险情况。
(5)安全管理工作的程序和制度
(6)应急处置 对于专业性较强、技术复杂、危险性较大的分部分项工程,应单独编制安全管理实施方案,一般危险源的安全管理实施方案可与该工程质量管理实施方案合并编写。

5.2 工程施工生产应急响应与事故处理

5.2.1 生产安全事故的分类

5.2.1.1 按照事故发生的原因分类

按照我国《企业职工伤亡事故分类》(GB 6441—1986)规定,职业伤害事故分为以下几类,主要有:物体打击、车辆伤害、机械伤害、起重伤害、触电、淹溺、灼烫、火灾、高处坠落、坍塌、冒顶片帮、透水、放炮、火药爆炸、瓦斯爆炸、锅炉爆炸、容器爆炸、其他爆炸、中毒和窒息以及其他伤害。其中高处坠落、物体打击、触电、机械伤害、坍塌、中毒和窒息、火灾等12类是与建筑业相关的主要事故类型。

5.2.1.2 按照事故严重程度分类

我国《企业职工伤亡事故分类》(GB 6441—1986)规定,按照事故严重程度分类,事故分为:

轻伤事故,是指造成职工肢体或某些器官功能性或器质性轻度损伤,能引出劳动能力轻度或暂时丧失的伤害的事故,一般每个受伤人员休息1个工作日(含1个工作日)以上105个工作日以下。

重伤事故,一般指受伤人员肢体残缺或视觉、听觉等器官受到严重损伤,能引起人体长期存在功能障碍或劳动能力有重大损失的伤害,或者造成每个受伤人员损失105个工作日以上(含105个工作日)的失能伤害的事故。

死亡事故,包括重大伤亡事故和特大伤亡事故。其中,重大伤亡事故指一次事故中死亡1~2人的事故;特大伤亡事故指一次事故死亡3人以上(含3人)的事故。

目前,在建设工程领域中,判别事故等级多采用《生产安全事故报告和调查处理条例》。

按照事故造成的人员伤亡或者直接经济损失分类如下：

特别重大事故，是指造成 30 人以上死亡，或者 100 人以上重伤，或者 1 亿元以上直接经济损失的事故；

重大事故，是指造成 10 人以上 30 人以下死亡，或者 50 人以上 100 人以下重伤，或者 5000 万元以上 1 亿元以下直接经济损失的事故；

较大事故，是指造成 3 人以上 10 人以下死亡，或者 10 人以上 50 人以下重伤，或者 1000 万元以上 5000 万元以下直接经济损失的事故；

一般事故，是指造成 3 人以下死亡，或者 10 人以下重伤，或者 1000 万元以下直接经济损失的事故。

5.2.2 生产安全事故的处理原则

当事故发生时，通过预先编制的应急救援预案的实施，可以尽可能地防止事态的扩大和减少事故的损失。通过事故处理程序，查明原因，制定相应的纠正和预防措施，避免类似事故的再次发生。国家对发生事故后的"四不放过"处理原则，其具体内容如下：

（1）事故原因未查清不放过 要求在调查处理伤亡事故时，首先要把事故原因分析清楚，找出导致事故发生的真正原因，未找到真正原因绝不轻易放过。直到找到真正原因并搞清各因素之间的因果关系才算达到事故原因分析的目的。

（2）事故责任人未受到处理不放过 这是安全事故责任追究制的具体体现，对事故责任者要严格按照安全事故责任追究的法律法规的规定进行严肃处理，不仅要追究事故直接责任人的责任，同时要追究有关责任人领导的责任。当然，处理事故责任者必须谨慎，避免事故责任追究的扩大化。

（3）事故责任人和周围群众未受到教育不放过 使事故责任者和广大群众了解事故发生的原因及所造成的危害，并深刻认识到搞好安全生产的重要性，从事故中吸取教训，提高安全意识，改进安全管理工作。

（4）事故没有制定切实可行的整改措施不放过 必须针对事故发生的原因，提出防止相同或类似事故发生的切实可行的预防措施，并督促事故发生单位加以实施。

5.2.3 生产安全事故处理的程序

事故一旦发生，初期的应急处理尤为重要。首先，应立即发出工程暂停令，并要求施工单位抢救伤员、排除险情、保护现场，并采取相应措施防止事故扩大。与此同时，应按要求第一时间向业主及主管部门汇报，并在 24 小时内提交书面报告。其余流程见图 5-2。

5.2.4 生产安全事故上报程序

事故发生后，事故现场有关人员应当立即向本单位负责人报告，单位负责人在接到报告后，应当在 1 小时内向事故发生地县级以上人民政府安全生产监督管理部门和负有安全生产监督管理职责的有关部门报告。情况紧急时，事故现场有关人员可以直接向事故发生地县级以上人民政府安全生产监督管理部门和负有安全生产监督管理职责的有关部门报告；安全生产监督管理部门和负有安全生产监督管理职责的有关部门接到报告后，应当按照下列规定上报事故情况，并通知公安机关、劳动保障行政部门、工会和人民检察院：

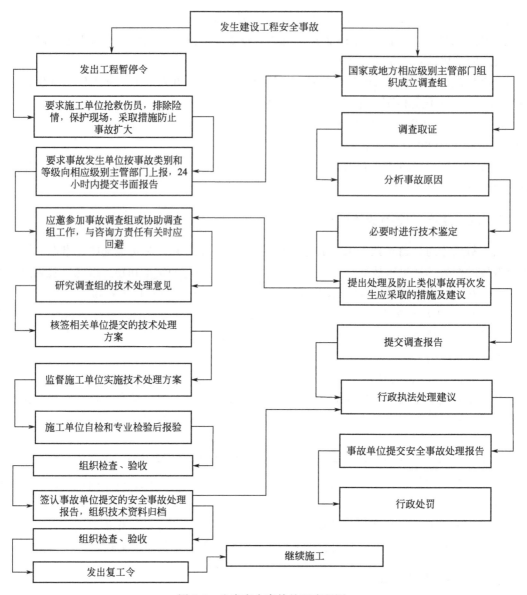

图 5-2　生产安全事故处理流程图

① 特别重大事故、重大事故逐级上报至国务院安全生产监督管理部门和负有安全生产监督管理职责的有关部门；

② 较大事故逐级上报至省、自治区、直辖市人民政府安全生产监督管理部门和负有安全生产监督管理职责的有关部门；

③ 一般事故上报至设区的市级人民政府安全生产监督管理部门和负有安全生产监督管理职责的有关部门。

安全生产监督管理部门和负有安全生产监督管理职责的有关部门依照相关规定上报事故情况，应当同时报告本级人民政府。国务院安全生产监督管理部门和负有安全生产监督管理职责的有关部门以及省级人民政府接到发生特别重大事故、重大事故的报告后，应当立即报告国务院。必要时，安全生产监督管理部门和负有安全生产监督管理职责的有关部门可以越级上报；安全生产监督管理部门和负有安全生产监督管理职责的有关部门逐级上报事故情况，每级上报的时间不得超过2小时。事故报告后出现新情况，应当及时补报。

5.2.5 生产安全事故上报文件的编制

（1）事故报告 《生产安全事故报告和调查处理条例》规定，报告事故应当包括下列内容：
① 事故发生单位概况；
② 事故发生的时间、地点以及事故现场情况；
③ 事故的简要经过；
④ 事故易造成或者可能造成的伤亡人数和初步估计的直接经济损失；
⑤ 已经采取的措施；
⑥ 其他应当报告的事项。

（2）事故调查报告 事故调查报告应当包括以下内容：
① 事故发生单位的概况；
② 事故发生经过和事故救援情况；
③ 事故造成的人员伤亡和直接经济损失；
④ 事故发生的原因和事故性质；
⑤ 事故责任的认定以及对事故责任者的处理建议；
⑥ 事故防范和整改措施；
⑦ 事故调查报告应当附具有关证据材料，事故调查组成员应当在事故调查报告上签字。

5.2.6 生产安全事故的应急救援

《中华人民共和国安全生产法》(以下简称《安全生产法》)规定，生产经营单位发生生产安全事故时，单位的主要负责人应当立即组织抢救，并不得在事故调查期间擅离职守。《建设工程安全生产管理条例》进一步规定，发生生产安全事故后，施工现场应当采取措施防止事故扩大，保护事故现场，需要移动现场物品时，应当作出标记和书面记录，妥善保管有关证物。

（1）组织应急抢救工作 《生产安全事故报告和调查处理条例》规定，事故发生单位负责人接到事故报告后，应当立即启动事故相应的应急预案，或采取有效措施，组织抢救，防止事故扩大，减少人员伤亡和财产损失。

（2）妥善保护事故现场 《生产安全事故报告和调查处理条例》规定，事故发生后，有关单位和人员应当妥善保护事故现场以及相关证据，任何单位和个人不得破坏现场、毁灭相关证据。因抢救人员、防止事故扩大以及疏通交通等原因，需要移动事故现场物件的，应当作出标志，绘制现场简图并作出书面记录，妥善保管现场重要痕迹、物证。

5.2.7 生产安全事故的调查

《安全生产法》规定，事故调查处理应当按照科学严谨、依法依规、实事求是、注重实效的原则，及时、准确地查清事故原因，查明事故性质和责任，总结事故教训，提出整改措施，并对事故责任者提出处理意见。事故调查报告应当依法及时向社会公布。

（1）事故调查的管辖 《生产安全事故报告和调查处理条例》规定，特别重大事故由国务院或国务院授权有关部门组织事故调查组进行调查。

重大、较大、一般事故分别由事故发生地省级人民政府、设区的市级人民政府、县级人民政府负责调查。省级人民政府、设区的市级人民政府、县级人民政府可以直接组织事故调查组进行调查，也可以授权或委托有关部门组织事故调查。未造成人员伤亡的一般事故，县级人民政府也可以委托事故发生单位组织事故调查组进行调查。上级人民政府认为有必要时，可以调查由下级人民政府负责调查的事故。自事故发生之日起30日内（道路交通事故、火灾事故自发生之日起7日内），因事故伤亡人数变化导致事故等级发生变化，依照《生产安全事故报告和调查处理条例》规定应由上级人民政府负责调查的，上级人民政府可另行组织调查。

（2）事故调查组的组成与职责　事故调查组由有关人民政府、安全生产监督管理部门、负有安全生产监督管理职责的有关部门、监察机关、公安机关以及工会派人组成，并应当邀请人民检察院派人参加。事故调查组可聘请有关专家参与调查。事故调查组职责如下：

① 查明事故发生的经过、原因、人员伤亡情况及直接经济损失；
② 认定事故的性质和事故责任；
③ 提出对事故责任者的处理建议；
④ 总结事故教训，提出防范和整改措施；
⑤ 提交事故调查报告。

（3）事故调查组的权利与纪律　事故调查组有权向有关单位和个人了解与事故有关的任何情况，并要求提供真实可靠的相关文件、资料，有关单位和个人不得拒绝。事故调查中需要进行技术鉴定的，事故调查组可委托具有国家规定资质的单位进行技术鉴定。事故调查组成员在事故调查期间应当诚信公正、恪尽职守，遵守事故调查组纪律，保守事故调查的秘密。未经事故调查组组长的允许，事故调查组成员不得擅自发布有关事故的信息。

（4）事故调查报告的期限　事故调查组应当自事故发生之日起60日内提交事故调查报告；特殊情况下，经负责事故调查的人民政府批准，可适当延长，但延长期限最长不超过60日。

5.2.8　生产安全事故的处理规定

（1）事故处理时限和落实批复　《生产安全事故报告和调查处理条例》规定，重大事故、较大事故、一般事故，负责事故调查的人民政府应当自收到事故调查报告之日起15日内作出批复；特别重大事故，30日内作出批复，特殊情况下，批复时间可适当延长，但延长的时间最长不超过30日。

相关部门应当按照人民政府的批复，依照法律、法规的权限和程序，对事故发生单位和有关人员进行行政处罚，对负有事故责任的国家工作人员进行处分。事故发生单位应当按照负责事故调查的人民政府的批复，对本单位负有事故责任的人员进行处理。负有事故责任的人员涉嫌犯罪的，依法追究刑事责任。

（2）事故发生单位的防范和整改措施　事故发生单位应当认真吸取事故教训，落实防范和整改措施，防止事故再次发生。防范和整改措施的落实情况应当接受工会和职工的监督。

安全生产监督管理部门和负有安全生产监督管理职责的有关部门应当对事故发生单位落实防范和整改措施的情况进行监督检查。

（3）处理结果的公布　事故处理的情况由负责事故调查的人民政府或者其授权的有关部

门、机构向社会公布，依法应当保密的除外。

5.2.9 生产安全事故法律责任

（1）制定事故应急救援预案违法行为应承担的法律责任 《安全生产法》规定，对重大危险源未登记建档或未进行评估、监控，或者未制定应急预案的，未建立事故隐患排查治理制度的，有其行为之一的，责令限期整改，可处 10 万元以下罚款，逾期未整改的，责令停产整顿，并处 10 万元以上 20 万元以下的罚款，对其直接负责主管人员和其他直接责任人处 2 万元以上 5 万元以下罚款；应急预案未按规定备案的，由县级以上安全生产监督管理部门给予警告并处 3 万元以下罚款。

（2）事故报告及采取相应措施违法行为应承担的法律责任 《安全生产法》规定，生产经营单位的主要负责人在本单位发生生产安全事故时，不立即组织抢救或者事故调查期间擅离职守或逃匿的，给予降级、撤职处分，并由安全生产监督管理部门处一年年收入 60%至 100%的罚款；对逃匿的处 15 日以下拘留；构成犯罪的，依照刑法有关规定追究刑事责任。生产经营单位的主要负责人对生产安全事故隐瞒不报、谎报或者迟报的，依照前款规定处罚。

（3）事故调查违法行为应承担的法律责任 《生产安全事故报告和调查处理条例》规定，参与事故调查人员在调查事故中有下列行为之一的，依法给予处分；构成犯罪的，依法追究刑事责任：

① 对事故调查工作不负责任，致使事故调查工作有重大疏漏的；
② 包庇、袒护负有事故责任的人员或者借机打击报复的。

（4）事故责任单位及主要责任人应承担的法律责任 《安全生产法》规定，生产经营单位与从业人员订立协议，免除或者减轻其对从业人员因生产安全事故伤亡依法应承担的责任的，该协议无效；对生产经营单位的主要负责人、个人经营的投资人处 2 万元以上 10 万元以下的罚款。

《生产安全事故报告和调查处理条例》规定，事故发生单位对事故负有责任的：
① 发生一般事故的，处 10 万元以上 20 万元以下的罚款；
② 发生较大事故的，处 20 万元以上 50 万元以下的罚款；
③ 发生重大事故的，处 50 万元以上 200 万元以下的罚款；
④ 发生特别重大事故的，处 200 万元以上 500 万元以下的罚款。

事故发生单位对事故发生负有责任的，由有关部门依法暂扣或者吊销其有关证照；对事故发生单位负有事故责任的人员，依法暂停或者撤销其与安全生产有关的执业资格、岗位证书；事故发生单位主要负责人受到刑事处罚或者撤职处分的，自刑法执行完毕或者受处分之日起，5 年内不得担任任何生产经营单位的主要负责人。

5.3 施工阶段安全生产管理评价

5.3.1 施工阶段安全生产管理评价的计划

在建设工程不同施工阶段，应根据实际进度情况，及时按照规定完成安全生产管理评价,一般安全生产管理评价分为5个阶段,分别为施工前准备阶段、基础阶段、主体阶段、装饰装修阶段和竣工阶段。

在建设工程施工时,由施工单位对施工现场安全生产情况进行自评填写后,报工程咨询机构、建设单位复查评价,并将评价情况报建设工程安全监督管理机构核查评价备案。各分项检查评价表均采用《建筑施工安全检查标准》(JGJ 59—2011),并作为附件备查。检查评分遇有缺项时,汇总表得分按《建筑施工安全检查标准》(JGJ 59—2011)评分方法进行换算,多人对同一项目检查评分时,应按加权评分法确定分值。综合评定分达70分(含70分)以上为合格,达80分(含80分)以上为优良。工程咨询单位在做出评价结论时,除评分等级外,还应对本阶段工程项目安全生产状况进行概况性评述,指出主要问题,提出整改意见;评价表一式四份,施工单位、工程咨询单位、建设单位、建筑工程安全监督机构各一份。

5.3.2 施工阶段安全生产管理评价的内容

安全检查后,要认真进行分析,进行安全评价。具体分析哪些项目没有达标,存在哪些需要整改的问题,填写安全检查评分表(表5-1)、事故隐患通知书、违章处罚通知书或停工通知等。安全生产管理评价分为保证项目和一般项目。保证项目包括安全生产责任制、规章制度建立、施工组织设计或专项施工方案、安全技术交底、安全检查、安全教育、应急救援等;一般项目包括分包单位安全管理、持证上岗、生产安全事故处理、安全标志。

表5-1 安全检查评分表

序号	评价内容	标准	扣分标准	施工单位自评分	咨询单位评分
1	安全生产责任制	10	执行 JGJ 59—2011 标准		
2	规章制度建立	10	执行 JGJ 59—2011 标准		
3	施工组织设计或专项施工方案	10	执行 JGJ 59—2011 标准		
4	安全技术交底	10	执行 JGJ 59—2011 标准		
5	安全检查	10	执行 JGJ 59—2011 标准		
6	安全教育	10	执行 JGJ 59—2011 标准		
7	应急救援	10	执行 JGJ 59—2011 标准		
8	分包单位安全管理	10	执行 JGJ 59—2011 标准		
9	持证上岗	10	执行 JGJ 59—2011 标准		
10	生产安全事故处理	5	执行 JGJ 59—2011 标准		
11	安全标志	5	执行 JGJ 59—2011 标准		

第6章 全过程工程咨询施工阶段的环境管理

6.1 施工阶段环境管理概述

所谓环境管理是将环境与发展综合决策、微观执法监督相结合，运用经济、法律、技术、行政、教育手段，限制人类损害环境质量的活动，通过全面化规则使经济发展与环境相协调，达到既要发展经济满足人类的基本需要，又不超出环境的容许极限。

环境管理的核心是对人的管理。环境管理的基本任务就是转变人类社会的一系列基本观念和调整人类社会的行为，促进整个人类社会的可持续发展。

施工阶段环境管理的目的：保护生态环境，使社会的经济发展与人类的生存环境相协调；控制作业现场的各种粉尘、废水、废气、固体废物以及噪声、振动对环境的污染和危害，考虑能源节约和避免资源的浪费。

6.2 ISO14001 环境管理体系

（1）产生背景 ISO14001系列标准是为促进全球环境质量的改善而制定的一套环境管理的框架文件，目的是为了加强组织（公司、企业）的环境意识、管理能力和保障措施，从而达到改善环境质量的目的。在我国采取第三方独立认证。

20世纪80年代起，美国和欧洲的一些企业为提高公众形象，减少污染，率先建立起自己的环境管理方式，这就是环境管理体系的雏形。1992年在巴西的里约热内卢召开的"环境与发展"大会，183个国家和70多个国际组织出席了大会。会议通过了"21世纪议程"等文件，标志着在全球建立清洁生产，减少污染，谋求可持续发展的环境管理体系的开始，也是ISO14001环境管理标准得到广泛推广的基础。2015年12月12日，《联合国气候变化框架公约》近200个缔约方一致同意通过《巴黎协定》，协定将为2020年后全球应对气候变化行动作出安排。《巴黎协定》指出，各方将加强对气候变化威胁的全球应对，把全球平均气温较工业化前水平升高控制在2℃之内，并为把升温控制在1.5℃之内而努力。全球将尽快实现温室气体排放达峰，21世纪下半叶实现温室气体净零排放。为实现这一全人类的目标，工程人任重道远。

（2）关系　ISO9001质量体系认证标准与ISO14001环境管理体系标准对组织（公司、企业）的许多要求是通用的，两套标准可以结合在一起使用。世界各国的许多企业或公司都通过了ISO9000族系列标准的认证，这些企业或公司可以把在通过ISO9000体系认证时所获得的经验运用到环境管理认证中去。新版的ISO9000族标准更加体现了两套标准结合使用的原则，使ISO9000族标准与ISO14001系列标准联系更为紧密。

（3）目标　ISO14001的目标是通过建立符合各国的环境保护法律、法规要求的国际标准，在全球范围内推广ISO14001系列标准，达到改善全球环境质量，促进世界贸易，消除贸易壁垒的最终目标。

（4）环境管理体系的特点　ISO14001系列标准是为促进全球环境质量的改善而制定的。它是通过一套环境管理的框架文件来加强组织（公司、企业）的环境意识、管理能力和保障措施，从而达到改善环境质量的目的。它是组织（公司、企业）自愿采用的标准，是组织（公司、企业）的自觉行为。在我国是采取第三方独立认证来验证组织（公司、企业）对环境因素的管理是否达到改善环境绩效的目的，满足相关方要求的同时，满足社会对环境保护的要求。

（5）其他信息　生命周期思想，其贯穿着ISO14001系列标准的主题。它要求组织（公司、企业）对产品设计、生产、使用、报废和回收全过程中影响环境的因素加以控制。ISO14001基于"环境方针"应体现生命周期思想的思路。环境管理技术委员会（TC207）专门成立了生命周期评估技术委员会，用以评价产品在每个生产阶段对环境影响的大小，使组织（公司、企业）能够加以分析改进。

6.3　建筑工程安全防护、文明施工措施费用及使用管理规定

为加强建筑工程安全生产、文明施工管理，保障施工从业人员的作业条件和生活环境，防止施工安全事故发生，根据《中华人民共和国安全生产法》《中华人民共和国建筑法》《建设工程安全生产管理条例》《安全生产许可证条例》等法律法规，制定管理规定。适用于各类新建、扩建、改建的房屋建筑工程（包括与其配套的线路管道和设备安装工程、装饰工程）、市政基础设施工程和拆除工程。

所称安全防护、文明施工措施费用，是指按照国家现行的建筑施工安全、施工现场环境与卫生标准和有关规定，购置和更新施工安全防护用具及设施、改善安全生产条件和作业环境所需要的费用。建设单位对建筑工程安全防护、文明施工措施有其他要求的，所发生费用

一并计入安全防护、文明施工措施费。

建筑工程安全防护、文明施工措施费用是由《建筑安装工程费用项目组成》中措施费所含的文明施工费、环境保护费、临时设施费、安全施工费组成。其中安全施工费由临边、洞口、交叉、高处作业安全防护费，危险性较大工程安全措施费及其他费用组成。危险性较大工程安全措施费及其他费用项目组成由各地建设行政主管部门结合本地区实际自行确定。建设单位、设计单位在编制工程概（预）算时，应当依据工程所在地工程造价管理机构测定的相应费率，合理确定工程安全防护、文明施工措施费。依法进行工程招投标的项目，招标方或具有资质的中介机构编制招标文件时，应当按照有关规定并结合工程实际单独列出安全防护、文明施工措施项目清单。

投标方应当根据现行标准规范，结合工程特点、工期进度和作业环境要求，在施工组织设计文件中制定相应的安全防护、文明施工措施，并按照招标文件要求结合自身的施工技术水平、管理水平对工程安全防护、文明施工措施项目单独报价。投标方安全防护、文明施工措施的报价，不得低于依据工程所在地工程造价管理机构测定费率计算所需费用总额的90%。建设单位与施工单位应当在施工合同中明确安全防护、文明施工措施项目总费用，以及费用预付、支付计划、使用要求、调整方式等条款。

建设单位与施工单位在施工合同中对安全防护、文明施工措施费用预付、支付计划未作约定或约定不明的，合同工期在一年以内的，建设单位预付安全防护、文明施工措施项目费用不得低于该费用总额的50%；合同工期在一年以上的（含一年），预付安全防护、文明施工措施费用不得低于该费用总额的30%，其余费用应当按照施工进度支付。

实行工程总承包的，总承包单位依法将建筑工程分包给其他单位的，总承包单位与分包单位应当在分包合同中明确安全防护、文明施工措施费用由总承包单位统一管理。安全防护、文明施工措施由分包单位实施的，由分包单位提出专项安全防护措施及施工方案，经总承包单位批准后及时支付所需费用。

申请领取建筑工程施工许可证时，应当将施工合同中约定的安全防护、文明施工措施费用支付计划作为保证工程安全的具体措施提交建设行政主管部门。未提交的，建设行政主管部门不予核发施工许可证。

建设单位应当按照规定及合同约定及时向施工单位支付安全防护、文明施工措施费，并督促施工企业落实安全防护、文明施工措施。

全过程工程咨询服务机构应当对施工单位落实安全防护、文明施工措施情况进行现场管控。对施工单位已经落实的安全防护、文明施工措施，全过程工程咨询服务总负责人或者造价工程师应当及时审查并签认所发生的费用。全过程工程咨询服务机构发现施工单位未落实施工组织设计及专项施工方案中安全防护和文明施工措施的，有权责令其立即整改；对施工单位拒不整改或未按期限要求完成整改的，全过程工程咨询服务机构应当及时向建设单位和建设行政主管部门报告，必要时责令其暂停施工。

施工单位应当确保安全防护、文明施工措施费专款专用，在财务管理中单独列出安全防护、文明施工措施项目费用清单备查。施工单位安全生产管理机构和专职安全生产管理人员负责对建筑工程安全防护、文明施工措施的组织实施进行现场监督检查，并有权向建设主管部门反映情况。

工程总承包单位对建筑工程安全防护、文明施工措施费用的使用负总责。总承包单位应当按照规定及合同约定及时向分包单位支付安全防护、文明施工措施费用。总承包单位不按规定和合同约定支付费用,造成分包单位不能及时落实安全防护措施导致发生事故的,由总承包单位负主要责任。

建设行政主管部门应当按照现行标准规范对施工现场安全防护、文明施工措施落实情况进行监督检查,并对建设单位支付及施工单位使用安全防护、文明施工措施费用情况进行监督。

建设单位未按规定支付安全防护、文明施工措施费用的,由县级以上建设行政主管部门依据《建设工程安全生产管理条例》第五十四条规定,责令限期整改;逾期未改正的,责令该建设工程停止施工。

施工单位挪用安全防护、文明施工措施费用的,由县级以上建设主管部门依据《建设工程安全生产管理条例》第六十三条规定,责令限期整改,处挪用费用20%以上50%以下的罚款;造成损失的,依法承担赔偿责任。

6.4 建设项目文明施工

6.4.1 建设项目文明施工概述

文明施工行为是一种企业文化,也是一种生产力。文明施工实际是建筑安全生产工作的发展、飞跃和升华,是依靠"以人为本"的指导思想来实施的。虽然实施文明施工会增加投资,但能够给施工企业带来更多的利益。文明施工是一项系统工程,需要全社会重视及参与,大力推广文明施工,是促进社会精神文明建设的需要。

文明施工管理基本要求如下:

(1)建筑工程施工现场应当做到围挡和大门标牌标准化、材料码放整齐化(按照现场平面布置图确定的位置集中、整齐码放)、安全设施规范化、生活设施整洁化、职工行为文明化、工作生活秩序化。

(2)建筑工程施工要做到工完场清、施工不扰民、现场不扬尘、运输无遗撒、垃圾不乱弃,努力营造良好的施工作业环境。

项目部应当建立各文明施工岗位责任制、将文明施工工作考核列入经济责任制,建立定期的检查制度,实行自检、互检、交接检,加强文明施工教育培训等。

6.4.2 文明施工体系控制

施工总包(含分包)单位在编制施工组织设计时,应结合工程实际情况及公司要求编制安全文明施工专项施工方案,全过程工程咨询服务机构、建设单位在审查施工组织设计时一并审查。

(1)文明施工专项施工方案内容 应包括以下内容。

① 施工现场平面布置图。包括基础、主体、装饰三个阶段的临时设施、现场交通、现场作业区、施工设备及机具的布置,成品、半成品、原材料的堆放,垃圾集中堆放点等内容。

② 按建设单位统一要求进行施工现场CI设计。

③ 按建设单位现场安全文明施工交底布置现场围挡。

④ 按建设单位现场安全文明施工交底布置现场工程标志牌。
⑤ 现场临时办公设施设计。
⑥ 场地硬化，施工道路等设计。
⑦ 现场污水处理排放、临时厕所设计。
⑧ 粉尘、噪声控制措施。
⑨ 施工区域内现有市政管网和周围建、构筑物保护措施。
⑩ 现场卫生及安全保卫措施。
⑪ 减少对周边已建成住宅入住住户的施工影响措施。

（2）文明施工设计审批　安全文明施工专项施工方案须报全过程工程咨询服务机构审批同意后组织施工和验收。全过程工程咨询服务机构应检查现场文明施工及平面布置情况，确保：

① 围墙完整、牢固、封闭严密，且保持整洁美观。在醒目位置设置"五牌一图"。
② 施工现场道路坚实、整洁、通畅、无积水。
③ 建筑材料堆放整齐，标识明显。
④ 施工现场进行了必要的绿化和硬化。
⑤ 排水设施和沉淀设施连续、通畅，无泥浆、污水、废水外流。
⑥ 工地出入口内设置有车辆冲洗设施。

（3）全过程工程咨询服务机构职责　应督促施工单位遵守环境保护相关法律法规的规定，在施工现场采取措施，防止或者减少粉尘、废气、废水、固体废物、噪声、振动以及施工照明对人和环境的危害和污染。要求工地运输车辆冲洗后出场，并要求施工场地保持干净、清洁。对于建筑渣土，应督促其在指定地点倾倒。此外，需夜间作业时，应事先向环保部门申请夜间施工许可证。

应检查施工单位成品保护专项方案执行情况及成品保护措施落实情况，并与总包单位积极沟通，合理调整施工顺序，监督施工单位做好成品保护工作。

工程完工后，全过程工程咨询服务机构应要求施工单位及时拆除围墙、安全防护和其他临时设施，并将建筑垃圾清运完毕，确保工地及四周的环境整洁，做到"工完料净场地洁"。

6.5　建设项目施工现场环境保护

6.5.1　防止大气污染措施

① 对易产粉尘、扬尘的作业面和装卸、运输过程，施工单位应制定具体的操作规程和洒水降尘制度。散装水泥和其他易飞扬的细颗粒散体材料应尽量安排库内存放，如露天存放应采用严密遮盖，运输和卸运时防止遗洒飞扬以减少扬尘。

② 项目管理部应督促施工单位派专人管理车辆物料运输，防止遗散。土方运输车辆驶出现场前必须将土方拍实，将车辆槽帮和车轮冲洗干净，防止带泥土上路和遗散现象发生。

③ 为确保城区的空气达标，严禁在施工现场焚烧任何弃物和产生有害有毒气体、烟尘、臭气的物质（废油、油毡、橡胶、塑料、木材等），熔融沥青等有毒物质要使用封闭和带烟气处理装置的设备。

④ 施工单位现场使用的所有车辆及设备的废气排放必须符合环保要求。

6.5.2 施工噪声控制措施

根据工程特点和拟投入的机械设备，结合环境保护要求和周围房屋、居民等实际环境状况，制定噪声控制措施，重点对产生噪声和振动的施工工序、机械设备，采取降噪减振措施，使之对周围环境的不利影响降低到最低程度，达到环保要求。

① 施工单位在施工现场应遵守《建筑施工场界环境噪声排放标准》（GB 12523—2011）规定的降噪限值，制定降噪制度。

② 提倡文明施工，建立健全控制人为噪声的管理制度，尽量减少人为大声喧哗，增强全体施工人员防噪声的意识。

③ 施工单位在施工过程中布置设施时，将产生噪声大、振动大的机械设备和车辆进出通道设置在离居民区相对较远的地方。

④ 应尽量选用低噪声或备有消声降噪设备的施工机械。施工现场的强噪声机械要设置封闭的机械棚，以减少强噪声扩散。

⑤ 合理安排施工工序，将噪声大的工作尽可能安排在不影响居民正常休息的时段进行，严禁在高考期间夜间进行施工。

⑥ 施工期间经常走访附近居民，认真听取居民对噪声和振动的反映和意见，不断改进工作，让居民满意。

6.5.3 生态保护措施

① 在工程开挖时，发现地下文物、古迹等，施工单位应妥善保护现场，及时向项目管理部报告，由项目管理部组织有关部门进行鉴定。

② 施工单位做好施工现场临时道路交通疏解工作。指派专门班组，负责对所用的临时道路进行日常养护，在雨季更应保证路面的平整。

③ 严格按有关文件要求布置施工临时设施，并保证施工结束后及时撤场，尽快恢复原状。

6.5.4 水污染控制措施

① 在工程开工前督促施工单位完成施工场地排水和废水处理设施的建设，设置足够的污水沉淀池，确保现场无积水、排水不外溢，不堵塞、水质达标，对排水、废水处理设施进行日常维护、清疏。

② 项目管理部监督施工单位对施工现场临时食堂的污水排放控制，要设置简易有效的隔油池，产生的污水经下水管道排放要经过隔油池，平时加强管理，定期掏油，防止污染。

③ 施工现场要设置专用的油漆油料库，油库内严禁放置其他物资，库房地面和墙面要做防渗漏的特殊处理，使用和保管要专人负责，防止油料跑、冒、滴、漏，污染水体。

④ 禁止将有毒有害废弃物用作土方回填，以免污染地下水和环境。

6.5.5 固体废物处理

① 项目管理部督促施工单位对施工中产生的弃土和余泥渣土及时组织清运，选择有资质的运输单位并建立登记制度，防止中途倾倒事件发生并做到运输途中不散落，项目管理部

对落实情况进行检查。

② 地下土方开挖选择对外部环境影响小的出土口、运输路线和运输时间。

③ 施工单位对剩余料具包装及时组织回收、清退，对可再利用的废弃物尽量回收利用，各类垃圾要及时回收、清运，不得随意倾倒。

④ 施工单位应对地下回填物料质量严格控制，保证回填物料的质量，不得将有毒有害物质和其他工地废料、垃圾用于回填。

⑤ 施工场区内无废弃砂浆和混凝土，运输道路和操作面落地料及时清运。

⑥ 日常生活的垃圾应分类收集，便于环卫部门及时清运处理。

⑦ 教育全体员工（包括施工单位员工）养成良好的卫生习惯，不随地乱丢垃圾、杂物，保持工作和生活环境的整洁。

6.5.6 建筑工地扬尘治理相关要求

（1）扬尘治理"八个百分之百"要求 如表 6-1 所示，扬尘治理"八个百分之百"要求主要是对下列八个重点方面提出污染防控措施，即：现场封闭管理、现场湿法作业、场区道路硬化、渣土物料覆盖、物料密闭运输、出入车辆清洁、扬尘远程监控安装、工地内非道路移动机械车辆。

表 6-1 扬尘治理"八个百分之百"要求表

1. 现场封闭管理 100%	施工现场必须连续设置稳固、整齐、美观的围挡（墙）	
	城区主要路段的施工现场围挡高度不应低于 2.5 m，其他路段的围挡高度不应低于 1.8 m；拆除工程应设置全封闭围挡，围挡高度不应低于 2.5 m，围挡上部应设置喷淋装置，保证围挡喷淋全覆盖，每组间隔不宜大于 4 m；围挡（墙）间无缝隙，底部设置防溢座	
	最多设置 2 个出入口，每个出入口位置必须设置包含有企业形象标识和城建工程名称的门头，必须设置扬尘污染防治责任标示牌、施工工地扬尘监管"三员"信息公示牌、公示工程信息，并明确扬尘防治措施责任人及监督电话	
2. 现场湿法作业 100%	土方开挖、回填、拆迁等可能产生扬尘的施工作业，必须辅以持续加压洒水或喷淋设施。现场必须配备洒水设备或保洁人员，每天定时洒水降尘	
3. 场区道路硬化 100%	各类建筑出入口位置必须硬化，在建工地地区主要道路必须按要求进行硬化；其他道路应采取硬化或砖、焦渣、碎石铺装等防尘措施	
4. 渣土物料覆盖 100%	拆迁（待建）工地	建筑垃圾、黄土应及时清运，暂无法清运时必须实施覆盖，长期待建时需辅以绿化、硬化措施
	在建工地	场内裸露黄土或需外运、待回填土方需及时覆盖
		现场物料应堆放整齐
		砂石、灰土、水泥等易起尘建筑物料堆放必须实施全覆盖
		现场必须按要求设置垃圾废料池
		严禁现场露天搅拌
		主体外侧必须使用密目网封闭

续表

	运输车辆必须使用有资质的单位进行清运
5.物料密闭运输100%	采取密闭运输，防止建筑材料、垃圾及工程渣土洒落和流溢
	严禁抛洒和倾倒，保证运输途中不污染道路和环境卫生
6.出入车辆清洗100%	出入口应设置车辆冲洗设施（包含冲洗池、冲洗设备、排水沟、沉淀池等），配备高压水枪
	自动清洗设备或专人负责车辆冲洗，出场运输车辆轮胎及车身出场干净
7.扬尘远程监控安装100%	建筑工程单体建筑面积达到3000 m^2 以上，或者群体建筑面积5000 m^2 以上的房屋建筑工程，数量达标，布局合理
	工程投资总额1000万元以上的市政工程、长度为200 m以上的市政线性工程，数量达标，布局合理
8.工地内非道路移动机械车辆100%	非道路移动机械及其使用油品100%达标

（2）扬尘治理中全过程工程咨询服务机构工作方法及措施

① 扬尘污染防治的事前控制。

a.工程开工前，全过程工程咨询服务总负责人应组织咨询人员对施工现场进行充分了解。根据施工现场和设计图纸，把主要污染源进行归纳，针对不同的污染源对咨询人员进行分工，做到分工明确，责任到人。

b.工程开工前，现场建立扬尘污染防治组织机构，建设单位、咨询部、施工项目部现场主要负责人为扬尘污染防治小组主要成员。

c.严格审查施工单位编制的扬尘污染防治专项施工方案，重点审查编制审核程序、组织机构、技术措施、平面布置。审查编制内容是否具有针对性、可操作性。

d.审查施工项目部的扬尘污染防治管理制度。

② 扬尘污染防治的事后控制。现场发生扬尘事故后，立即暂停施工，采取应急措施，向公司及有关部门报告。

a.组织措施。

Ⅰ.建立健全咨询组织机构，完善职责分工，落实扬尘污染防治控制的责任。

Ⅱ.督促施工单位建立健全扬尘污染防治组织机构，对不建立健全扬尘污染防治组织机构的，不得下发工程开工令；对扬尘污染防治工作不称职的人员，建议清退。

b.技术措施。

Ⅰ.全过程工程咨询服务机构应按照政府部门的规定，对施工现场进行事前、事中和事后扬尘污染防治控制。

Ⅱ.督促施工单位针对本项目特点编制扬尘污染防治专项施工方案。施工单位在开工前不编制扬尘污染防治专项方案或专项方案未经咨询审核通过的，全过程工程咨询服务机构不得下发开工令，施工单位不得进行施工作业。

Ⅲ.施工过程中，施工单位扬尘污染防治工作不力或未按照专项方案实施的，全过程工程咨询服务专业负责人应及时下发咨询通知单，指令施工单位限期进行整改。

Ⅳ.依据政府部门的规定、咨询规划、扬尘污染防治专项施工方案，全过程工程咨询服务机构对施工现场的扬尘污染防治工作要定期组织施工方检查,加强平时扬尘污染防治工作的巡视检查,施工单位未按照专项方案对施工现场进行扬尘污染防治的或拒不执行咨询指令的,则应建议建设单位进行暂时停止施工处理,同时向当地建设行政主管部门提交咨询工作报告。

c.经济措施。

Ⅰ.监督、审核扬尘污染防治专项措施费的使用情况。

Ⅱ.要求施工单位加大防尘治理的投入。

d.合同措施。按照合同约定,施工单位扬尘污染防治工作不力或未按照扬尘治理专项施工方案实施,全过程工程咨询服务机构应严格按照合同约定对施工单位进行违约处理。

e.重污染天气控制措施。在重污染天气产生时,督促施工单位按照政府部门应急预案的规定,对施工现场的部分作业采取强制措施,对拒不执行的,全过程工程咨询服务机构应及时书面建议建设单位停工处理,并向当地建设行政主管部门提交咨询工作报告。

③ 扬尘污染防治的事中控制。

a.组织召开扬尘污染防治的会议。

b.组织施工方对现场扬尘污染防治情况进行检查,对查出的问题,限期进行整改。

c.监督施工项目部对扬尘污染防治措施费的使用情况。

第 7 章

全过程工程咨询施工阶段风险管理

7.1 施工阶段风险管理概述

　　风险指的是损失的不确定性,对建设工程项目管理而言,风险是指可能出现的影响项目目标实现的不确定因素。项目风险是一种不确定的事件或条件,一旦发生,会对一个或多个项目目标造成积极或消极的影响,如范围、进度、成本和质量。风险可能有一种或多种起因,一旦发生就可能造成一项或多项影响。风险的起因可以是已知或潜在的需求、假设条件、制约因素或某种状况。风险条件则是可能引发项目风险的各种项目或组织因素。项目风险源于任何项目中都存在不确定性。已知风险是指已经识别并分析过的风险,可对这些风险规划应对措施。对于那些已知但又无法主动管理的风险,要分配一定的应急储备。而对于那些未知风险通常无法进行主动的管理或干预,因此需要分配一定的管理储备以应对突发情况的发生。单个项目风险不同于整体项目风险。整体项目风险代表不确定性对作为一个整体的项目的影响,它大于项目中单个风险之和,因为它包含了项目不确定性的所有来源。它代表了项目成果的变化可能给干系人造成的潜在影响,包括积极和消极的影响。

7.2 施工现场风险源识别

7.2.1 建设工程项目的风险类型

　　项目参与方都应建立风险管理体系,明确各层管理人员的相应管理责任,以减少项目实施过程不确定因素对项目的影响。建设工程项目的风险有如下几种类型。

(1) 组织风险
① 组织结构模式。
② 工作流程组织。
③ 任务分工和管理职能分工。
④ 业主方(包括全过程工程咨询服务机构)人员的构成和能力。
⑤ 设计人员和全过程工程咨询服务专业负责人的能力。
⑥ 承包方管理人员和一般技工的能力。
⑦ 施工机械操作人员的能力和经验。
⑧ 损失控制和安全管理人员的资历和能力等。
(2) 经济与管理风险
① 宏观和微观经济情况。
② 工程资金供应的条件。
③ 合同风险。
④ 现场与公用防火设施的可用性及其数量。
⑤ 事故防范措施和计划。
⑥ 人身安全控制计划。
⑦ 信息安全控制计划等。
(3) 工程环境风险
① 自然灾害。
② 岩土地质条件和水文地质条件。
③ 气象条件。
④ 引起火灾和爆炸的因素等。
(4) 技术风险
① 工程勘测资料和有关文件。
② 工程设计文件。
③ 工程施工方案。
④ 工程物资。
⑤ 工程机械等。

7.2.2 项目风险管理的工作流程

风险管理过程包括项目实施全过程的项目风险识别、项目风险评估、项目风险响应和项目风险控制。

(1) 项目风险识别 项目风险识别的任务是识别项目实施过程存在哪些风险,其工作程序包括:
① 收集与项目风险有关的信息。
② 确定风险因素。
③ 编制项目风险识别报告。
(2) 项目风险评估 项目风险评估包括以下工作:
① 利用已有数据资料(主要是类似项目有关风险的历史资料)和相关专业方法分析各种

风险因素发生的概率。

② 分析各种风险的损失量，包括可能发生的工期损失、费用损失，以及对工程的质量、功能和使用效果等方面的影响。

③ 根据各种风险发生的概率和损失量，确定各种风险的风险量和风险等级。

（3）项目风险响应　项目风险响应指的是针对项目风险的对策进行风险响应。常用的风险对策包括风险规避、减轻、自留、转移及其组合等策略。对难以控制的风险，向保险公司投保是风险转移的一种措施。

项目风险对策应形成风险管理计划，它包括：

① 风险管理目标。

② 风险管理范围。

③ 可使用的风险管理方法、工具以及数据来源。

④ 风险分类和风险排序要求。

⑤ 风险管理的职责和权限。

⑥ 风险跟踪的要求。

⑦ 相应的资源预算。

（4）项目风险控制　在项目进展过程中应收集和分析与风险相关的各种信息，预测可能发生的风险，对其进行监控并提出预警。

7.2.3　施工现场风险源识别过程

建设工程项目是复杂的开放系统，由于项目的内部结构、项目本身的动态性及外界干扰的复杂性，风险因素间的影响关系及所引起的后果均得不到确切表示。工程项目的风险因素错综复杂，可以从项目环境、项目结构及项目主体等不同侧面进行分类，为了便于风险分析和风险的防范处理，从工程风险是否可以计量的角度对风险进行分类，以确定哪些风险可以作定量分析，哪些只能作定性分析，哪些可以作定性与定量相结合的分析，以便为不同风险的防范采取相应的对策。

工程风险的分类主要基于风险防范和风险处理，从性质上分析，可计量风险属于技术性风险，是常规性的不可避免的风险，主要包括地质地基条件、材料供应、设备供应、工程变更、技术规范、设计与施工等造成的风险；非计量风险属于非技术性风险，发生的概率较小，是非常规性风险，包括经济风险、政治风险、不可抗力风险、组织协调风险等。

政治风险包括战争、动乱、政变、法律制度的变化等；经济风险包括外汇风险、物价上涨及税收调整等。在当前形势下政治风险发生的概率很小，但一旦发生将导致灾害性后果，常常被称作"致命风险"。对于政治风险，只能作定性分析与预测，经济风险一般不可避免，必须进行定性与定量相结合的分析研究。

工程合同包含着多种难以界定的变量因素，这些因素都能构成项目的风险。从性质上分析，合同风险属于非技术性风险，但工程合同中包含了大量的技术性条款。因此，对工程合同的风险分析既有定量分析又有定性分析。

7.2.4　项目风险的监控

要对项目进行有效的风险监控首先要进行风险分析。风险因素分析是确定一个项目的风险范围，即有哪些风险存在，将这些风险因素逐一列出，以作为全面风险管理的对象。在不同的阶段，由于目标设计、项目的技术设计和计划、环境调查的深度不同，对风险的认识程度也不相同，经历一个由浅入深、逐步细化的过程。但不管哪个阶段首先都要将对项目的目标系统（总目标、子目标和操作目标）、有影响的各种风险因素罗列出来，做项目风险目录表，再采用系统方法进行分析。

风险分析流程图如图 7-1 所示，主要包括以下三个必不可少的主要步骤：

① 采集数据。

② 完成不确定性模型。

③ 对风险影响进行评价。

此外，常见的风险分析方法有八种：调查和专家打分法、层次分析法、模糊数学法、统计和概率法、敏感性分析法、蒙特卡罗模拟法、CIM 模型法、影响图法。其中前两种方法侧重于定性分析，中间三种侧重于定量分析，而后三种则侧重综合分析。

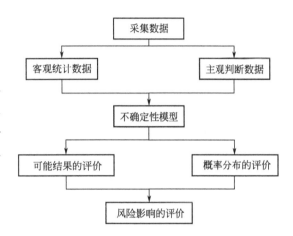

图 7-1 风险分析流程图

（1）按项目系统要素进行分析

① 项目环境要素风险。

a. 法律风险：如法律不健全，有法不依、执法不严，相关法律内容的变化，法律对项目的干预；可能对相关法律未能全面、正确理解，工程中可能有触犯法律的行为等。

b. 经济风险：银根紧缩；项目的工程承包市场、材料供应市场、劳动力市场的变动，工资的提高，物价上涨，通货膨胀速度加快等。

c. 自然条件：如暴雨；特殊的未预测到的地质条件如淤泥、河塘、泉眼等；反常的恶劣的雨雪天气，冷冻天气；恶劣的现场条件，如周边存在对项目的干扰源，工程项目的建设可能造成对自然环境的破坏，不良的运输条件可能造成供应的中断等。

d. 社会风险：包括社会治安稳定性、劳动者的文化素质、社会风气等。

② 项目系统结构风险。以项目结构图上项目单元作为分析对象，即各个层次的项目单元，直到工作包在实施以及运行过程中可能遇到的技术问题，人工、材料、机械、费用消耗的增加，在实施过程中可能存在的各种障碍、异常情况。

③ 项目的行为主体产生的风险。

a. 建设单位和投资者：如建设单位的支付能力差，或改变投资方向，改变项目目标；建设单位违约、苛求、刁难、随意改变主意，但又不赔偿，错误的行为和指令，非程序地干预工程；建设单位不能完成其合同责任（如不及时供应负责的设备、材料，不及时交付场地，不及时支付工程款等）。

b. 施工承包人（施工分包、材料供应）：如技术能力和管理能力不足，没有适合的技术专家和项目经理，不能积极地履行合同，由于管理和技术方面的失误，造成工程中断；没有得力的措施来保证进度、安全和质量要求；财务状况恶化，无力采购和支付工资；错误理解建设单位意图和招标文件，方案错误，报价失误，计划失误；设计承包商设计错误，工程技术系统之间不协调、设计文件不完备、不能及时交付图纸，或无力完成设计工作等。

c. 项目管理和全过程工程咨询服务机构人员：如项目管理或全过程工程咨询服务机构人员的管理能力、组织能力、工作热情和积极性、职业道德和公正性差；管理风格、文化偏见，可能会导致不正确地执行合同，在工程中苛刻要求；在工程中起草错误的招标文件、合同条件，下达错误的指令等。

d. 其他方面：如政府职能部门的干预、苛求；项目周边或涉及的居民和单位的干预、抗议或苛刻的要求等。

（2）按风险对目标的影响分析 这是按照项目的目标系统结构进行分析的，它体现的是风险作用的结果，包括以下方面：

① 工期风险：即造成局部的（工程活动、分项工程）或整个工程的工期延长，不能及时投产。

② 费用风险：包括财务风险、成本超支、投资追加、报价风险、收入减少、投资回收期延长或无法收回、回报率降低。

③ 质量风险：包括材料、工艺、工程不能通过验收、工程试生产不合格、经过评价工程质量未达标准；人身伤亡，工程或设备损坏。

④ 法律责任：即可能被起诉或承担相应法律的或合同的处罚。

（3）按管理的过程和要素分析

① 环境调查和预测的风险。

② 决策风险，如错误的选择，错误的投资决策、报价等。

③ 项目策划风险。

④ 技术设计风险。

⑤ 计划风险：包括对目标（任务书、合同招标文件）错误理解，合同条款不准确、不严密、错误、二义性，过于苛刻的单方面约束性的、不完备的条款，方案错误、报价（预算）错误、施工组织措施错误。

7.2.5 风险评价与分配

（1）风险评价 风险评价是对风险的规律性进行研究和量化分析。由于罗列出来的每一个风险都有自身的规律和特点、影响范围和影响量。通过分析可以将它们的影响统一成成本目标的方式，按货币单位来衡量，对罗列出来的每一个风险必须作如下分析和评价：

① 风险存在和发生的时间分析：即风险可能在项目的哪个阶段、哪个环节上发生。有许多风险有明显的阶段性，有的风险是直接与具体的工程活动（工作包）相联系的。这个分析对风险的预警有很大的作用。

② 风险的影响和损失分析：风险的影响是个非常复杂的问题，有的风险影响面较小，有的风险影响面很大，可能引起整个工程的中断或报废。而风险之间常常是有联系的。经济形势的恶化不但会造成物价上涨，而且可能会引起建设单位支付能力的变化；通货膨胀引起了物价上涨，则不仅会影响后期的采购、人工工资及各种费用支出，而且会影响整个后期的工程费用。由于设计图纸提供不及时，不仅会造成工期拖延，而且会造成费用提高（如人工和设备闲置、管理费开支），还可能在原来本可以避开的冬雨季施工，造成更大的拖延和费用增加。

（2）风险分配 风险评价后要对风险进行分配，即必须将这些风险在项目参加者（例如投资者、建设单位、项目管理者、承包商、供应商等）之间进行分配。风险分配通常在任务书、责任书、合同、招标文件等中定义，在起草这些文件的时候都应对风险作出预计、定义和分配。只有合理地分配风险，才能调动各方面的积极性，才能有项目的高效益。

① 风险分配的原则。从工程的整体效益角度来分配风险，即谁能有效地防止风险或将风险转移给其他方面，则应由他承担相应的风险责任；其控制相关风险是经济的、有效的、方便的、可行的，只有通过他的努力才能减少风险的影响；通过风险分配能加强他的责任心和积极性，能更好地计划和控制。

② 公平合理、责权利平衡。

a. 风险责任和权力相互平衡。风险的承担是一项责任，即承担风险控制以及风险产生的损失。但另一方面，要给承担者以控制、处理的权力。承包商承担施工方案的风险，则他就有权选择更为经济、合理、安全的施工方案。建设单位或全过程咨询服务机构起草招标文件，就应对他的正确性负责。

b. 风险与机会对等。即风险承担者，同时应享有风险控制获得的收益和机会收益。例如承包商承担物价上涨的风险，则物价下跌带来的收益也应归承包商所有。若承担工期风险，拖延要支付误期违约金，则工期提前就应奖励。

c. 承担的可能性和合理性。即给承担者以预测、计划、控制的条件和可能性，给他以迅速采取控制风险措施的时间、信息等条件，否则对他来说风险管理成了投机。例如，要承包商承担招标文件的理解、环境调查、实施方案和报价的风险，则必须给他一个合理的做标时间，向其提供现场待查的机会，提供详细且正确的招标文件，特别是设计文件和合同文件，并及时地回答承包商做标中发现的问题。这样其才能理性地承担风险。

d. 符合工程项目的惯例，符合通常的处理方法。

7.2.6　风险控制方法

（1）技术措施　如选择有弹性的、抗风险能力强的技术方案，而不用新的未经过工程实用的不成熟的施工方案；对地理、地质情况进行详细勘察和鉴定，预先进行技术试验、模拟，准备多套备选方案，采取各种保护措施和安全保障措施。

（2）组织措施　选派得力的技术和管理人员，特别是项目经理；将风险责任落实到每一个组织单元，使大家有风险意识；在资金、材料、设备、人力上予以保证；在实施过程中严密地控制，加强计划工作，并紧抓阶段控制和中间决策工作。

（3）购买保险　对一些无法排除的风险，例如常见的工作破坏、第三方责任、人身伤亡、机械设备的损坏等可以通过购买保险的方法解决，但要注意保险范围、赔偿条件、理赔程序、赔偿额度等。

（4）提供担保　例如由银行出具投标保函、预付款保函、履约保函等。

（5）风险准备金　风险准备金是从财务的角度为风险做准备。在计划（或合同报价）中额外增加一笔费用。例如在投标报价中，要求承包商经常根据工程技术、建设单位的资信、自然环境、合同等方面的风险大小以及发生可能性在报价中考虑不可预见风险费并以此来承担其可能遇到的工程风险。

（6）通过合同分配风险　通过合同排除风险是最重要的手段。合同规定风险分担的责任及谁对风险负责。例如在承包合同中要明确规定：建设单位的风险责任，即哪些情况应由建设单位负责；承包商的索赔权利，即要求调整工期和价格的权利；工程付款方式、付款期，以及对建设单位不付款的处理权力；对建设单位违约行为的处理权力；承包商权力的保护性条款；采用符合惯例的通用合同条件；注意仲裁地点和适用法律的选择。

7.2.7 项目风险对策流程

项目风险对策主要流程如图 7-2 所示。主要工作内容包括对风险识别并加入风险清单，风险定量分析，风险影响力评估以及风险应对措施。对判定影响小的风险采取自留措施，对判定影响大的风险采取回避措施并不断实施动态跟踪，以确保风险管理的科学可控性。

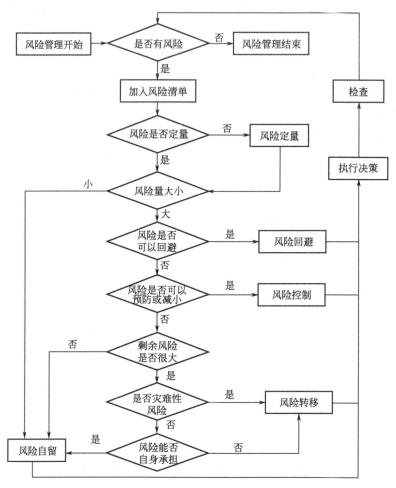

图 7-2　项目风险对策流程图

7.3　项目风险的应对措施

工程实施中的风险控制的应对措施主要贯穿在项目的进度控制、成本控制、质量控制、合同控制等过程中。

7.3.1 监控和预警

建立风险监控和预警系统，及早地发现项目风险并及早地作出防范反应。在工程中不断地收集和分析各种信息，捕捉风险前奏的信号，例如在工程中要通过天气预测警报、各种市场行情及价格动态等情况，对工程项目工期和进度的跟踪、成本的跟踪分析，并通过合同监督、各种质量监控报告、现场情况报告等手段来了解工程风险。在阶段性计划的调整过程中，需加强对近期风险的预测并纳入近期计划中，同时考虑到计划的调整和修改可能带来的新的问题和风险。

7.3.2 风险回避

风险回避是以一定的方式中断风险源，使其不发生或不再发展，从而避免可能产生的潜在损失。采用风险回避对策时需要注意以下几点：回避一种风险可能产生另一种新的风险，回避风险的同时也失去了从风险中获益的可能性，回避风险可能不实际，不可能回避所有的风险。在风险状态下，视具体情况采用下列方法进行风险回避。

① 迅速恢复生产，按原计划执行。
② 及时修改方案、调整作业计划，恢复正常的施工。
③ 争取获得风险的赔偿。

7.3.3 损失控制

制定损失控制方案并积极采取措施控制风险造成的损失，即损失控制，采用损失控制对策时需要注意以下几点：

（1）制定损失控制措施必须以定量风险评价的结果为依据，还必须考虑其付出的代价。
（2）制定预防计划必须内容全面、措施具体，需考虑以下几方面。

① 组织措施。明确各部门和人员在损失控制方面的职责分工，以使各方人员都能为实施预防计划而有效地配合；还需要建立相应的工作制度和会议制度；必要时，还应对有关人员进行安全培训。
② 管理措施。采取风险分隔措施，将不同的风险单位分离间隔出来，将风险局限在尽可能小的范围内，以避免在某一风险发生时，产生连锁反应或互相牵连，如在施工现场将易发生火灾的木材加工场尽可能设在远离办公用房的位置。也可采取风险分散措施，通过增加风险单位以减轻总体风险的压力，达到共同分摊总体风险的目的。
③ 合同措施。注意合同具体条款的严明性，并做出与特定风险相应的规定，如要求承包商提供履约保证和预付款保证。
④ 技术措施。在建设工程施工过程中常用的预防损失措施，有地基加固、周边建筑物防护、材料检测等。
⑤ 制定灾难计划应有针对性，其内容应满足如下要求：安全撤离现场人员，救援及处理伤亡人员，控制事故的进一步发展，最大限度地减少资产和环境损害，保证受影响区域的安全并尽快恢复正常。
⑥ 制定应急计划时应重点考虑因严重风险事故而中断的工程实施过程尽快全面恢复，并使其影响程度减至最小，其内容应包括：调整整个建设工程的施工进度计划，并要求各承包商相应调整各自的施工进度计划；调整材料、设备的采购计划，并及时与材料、设备供应商联系，必要时，可能要签订补充协议；准备保险索赔依据，确定保险索赔的额度，起草保险索赔报告；全面审查可使用的资金情况，必要时需调整筹资计划等。

7.3.4 风险转移

风险转移就是建设工程的风险应由有关各方分担,而风险分担的原则是:任何一种风险都应由最适宜承担该风险或最有能力进行损失控制的一方承担。例如,项目决策风险应由建设单位承担,设计风险应由设计方承担,而施工技术风险应由承包商承担。

(1) 非保险转移 即在签订合同过程中将工程风险转移给非保险人的对方当事人。建设工程风险非保险转移有三种,即建设单位将合同责任和风险转移给对方当事人,承包商进行合同转让或工程分包,第三方担保。

(2) 保险转移 对于建设工程风险来说,保险转移是通过购买工程保险,建设工程建设单位或承包商作为投保人将本应由自己承担的工程风险(包括第三方责任)转移给保险公司,从而使自己免受风险损失。在作出进行工程保险决策时,必须考虑与保险有关的几个具体问题:一是保险的安排方式,即究竟是由承包商安排保险计划还是由建设单位安排保险计划;二是选择保险类别和保险人,一般是通过多家比选后确定,也可委托保险经纪人或保险咨询公司代为选择;三是要进行保险合同谈判,免赔额的数额比例要由投保人自己确定。

7.3.5 加强风险意识的教育

工程项目的环境变化、项目的实施有一定的规律性,所以风险的发生和影响也具有一定的规律性,是可以预测的。重要的是要在项目实施过程中,各参与者要有风险意识,重视风险的存在,从建设、设计、全过程工程咨询和施工等几方面对风险进行全面的控制。

7.3.6 施工过程中的风险及防范对策

项目实施阶段,全过程工程咨询服务机构依据自身的技术实力及管理经验检查设计标准和设计规范,控制施工进度和施工效果,协调设计、施工、审计等关联关系,及时向业主反馈项目进展和合理化建议,保证工程项目按计划执行。

(1) 图纸会审的风险及防控。出现设计方对施工方提出的问题或者合理化建议等未置可否现象,如施工单位提出施工难度大的设计不合理之处、地基处理方法是否合理,工艺管道、电气线路、设备装置、运输道路与建筑物之间或相互间有无矛盾的方案调整,施工安全、环境卫生有无保证等。

防控对策建议:全过程工程咨询服务机构应组织建设单位、施工单位、设计单位认真研究、客观分析并咨询专家意见,设计方专业及总负责人做好解答,明确同意、不同意并形成资料文件。

(2) 图纸会审建设单位或全过程工程咨询服务机构过分依赖施工单位意见,而施工单位一般只提出设计缺陷、漏项及标注、解释工作不明确等问题,对建筑结构、水、暖、电之间的矛盾及可能造成后期施工不便或影响使用功能部位的设计问题,往往关注不够,图纸会审的深度不够。

防控对策是加强对图纸会审前的审图工作,延长审图周期,在施工方、全过程工程咨询服务机构充分熟悉图纸后再组织图纸会审,并积极组织和参与图纸会审工作,充分了解图纸,并听取各方对图纸的意见,避免后期发现问题,影响工期,造成损失。需要整理成为图纸会审记录,由各方代表签字盖章认可。

（3）技术交底不到位。防控建议：在合同中注明，技术交底作为施工补充依据条款。

（4）对施工组织设计不熟悉，对施工工艺、工期等不了解造成管控质量低的风险。对策：对施工组织设计严格审核，施工中对其进行动态管理，图纸变更或法规改变及时调整。严格按审批后的施工组织设计施工。

（5）工程进度的风险。

① 建设单位未能提供合同约定的场地、水、电等使施工无法开工，使工期拖延的风险。对策：全过程工程咨询服务机构应督查建设单位严格按合同约定完成三通一平等前期的必要工作。

② 建设单位任意压缩工期提出不合理工期。对策：全过程工程咨询服务机构应依据工期定额合理计算工期，不得任意压缩工期。

总的来说，全过程工程咨询服务机构应协助做好工程的准备工作，如施工许可证、施工图纸。加强支付工程进度款的及时性，工期进度计划必须签字盖章，并经审核批准。

（6）工程质量的风险。

① 原材料、构配件的质量风险。对策：全过程工程咨询服务机构应做好进场材料的管控，不合格的坚决退场，避免不合格材料运用到工程，并做好见证取样、复试等工作。

② 隐蔽工程验收不到位，导致工程质量的风险。对策：应建立隐蔽验收管理制度，做好关键部位的旁站工作。

③ 对于建设单位明示或暗示施工单位降低工程质量的风险。对策：建设单位不能暗示或明示对工程质量的降低，参见《建设工程质量管理条例》第五十六条规定。

（7）安全方面。

① 合同中对安全条款不完善的风险。对策：应在合同中予以完善，明确各方的责任和义务，明确安全奖罚制度、条款，明确安全事故后各方应承担的责任。

② 对施工单位安全资质管理不到位的风险。对策：应将施工单位安全资质进行动态管理，在施工过程中间进行复检，防止施工安全许可证过期等情况出现。

③ 对现场人员的施工安全培训不到位的风险。对策：除了施工单位自身对施工人员进行培训，全过程工程咨询服务机构也应组织施工单位进行针对性的安全培训。

④ 安全文明措施费投入不足的风险。对策：应在合同中约定，同时，施工单位对该项资金的使用予以监督管理，按照《安全生产法》第二十条的要求及《建设工程安全生产管理条例》第五十四条的规定执行。

⑤ 对重大的方案、安全措施审查不到位的风险。对策：对于重大的方案、安全措施加强审核，超过一定规模的危险性较大工程应监督施工单位进行专家论证。

（8）施工过程中全过程工程咨询服务机构面临造价增加的风险。

① 前期地质勘察深度不够，致使施工中发现不利于工程建设的工程地质和水文地质条件，导致设计变更而影响工程投资；由于不可抗拒的自然灾害，而导致工程投资的变化。对策：为规避投资控制风险，必须截断风险源。对由自然灾害、勘察设计、业主、施工及其他原因而引起的工程投资的变化，只能因势利导地减少投资控制风险。

② 由于全过程工程咨询服务机构自身原因可能导致投资控制的风险，应采取强有力的措施。包括：规避工程量复核风险——工程量包括合同工程量、新增工程量、工程变更工程量、附加工程量等；完善合同条款——建立计量制度、流程、原则、方法，严格审核，合格

后方可计量。

③ 对于出现变更签证的风险，如签证办理不及时的，应该按制度及时办理，另外，还要建立可操作性强的签证管理制度，对于资料要留存备查，对签证范围界定不清的风险，应在合同中进行约定。

7.4 施工现场应急管理

7.4.1 应急预案

应急预案是对特定的潜在事件和紧急情况发生时所采取措施的计划安排，是应急响应的行动指南。编制应急预案的目的，是防止一旦紧急情况发生时出现混乱，能够按照合理的响应流程采取适当的救援措施，预防和减少可能随之引发的职业健康安全和环境影响。

应急预案的制定，首先必须与重大环境因素和重大危险源相结合，特别是与这些环境因素和危险源一旦控制失效可能导致的后果相适应，还要考虑在实施应急救援过程中可能产生的新的伤害和损失。

7.4.1.1 应急预案体系的构成

应急预案应形成体系，针对各级各类可能发生的事故和所有危险源制定专项应急预案和现场应急处置方案，并明确事前、事发、事中、事后的各个过程中相关部门和有关人员的职责。生产规模小、危险因素少的生产经营单位，其综合应急预案和专项应急预案可以合并编写。

（1）综合应急预案　综合应急预案是从总体上阐述事故的应急方针、政策，应急组织机构及相关应急职责，应急行动、措施和保障等基本要求和程序，是应对各类事故的综合性文件。

（2）专项应急预案　专项应急预案是针对具体的事故类别（如基坑开挖、脚手架拆除等事故）、危险源和应急保障而制定的计划或方案，是综合应急预案的组成部分，应按照综合应急预案的程序和要求组织制定，并作为综合应急预案的附件。专项应急预案应制定明确的救援程序和具体的应急救援措施。

（3）现场处置方案　现场处置方案是针对具体的装置、场所或设施、岗位所制定的应急处置措施。现场处置方案应具体、简单、针对性强。现场处置方案应根据风险评估及危险性控制措施逐一编制，做到事故相关人员应知应会、熟练掌握，并通过应急演练，做到迅速反应、正确处置。

7.4.1.2 应急预案编制的要求和内容

（1）应急预案编制的要求

① 符合有关法律、法规、规章和标准的规定。

② 结合本地区、本部门、本单位的安全生产实际情况。

③ 结合本地区、本部门、本单位的危险性分析情况。

④ 应急组织和人员的职责分工明确，并有具体的落实措施。

⑤ 有明确、具体的事故预防措施和应急程序，并与其应急能力相适应。

⑥有明确的应急保障措施，并能满足本地区、本部门、本单位的应急工作要求。
⑦预案基本要素齐全、完整，预案附件提供的信息准确。
⑧预案内容与相关应急预案相互衔接。
（2）应急预案编制的内容
①综合应急预案编制的主要内容。
a.总则。
Ⅰ.编制目的。简述应急预案编制的目的、作用等。
Ⅱ.编制依据。简述应急预案编制所依据的法律法规、规章，以及有关行业管理规定、技术规范和标准等。
Ⅲ.适用范围。说明应急预案适用的区域范围，以及事故的类型、级别。
Ⅳ.应急预案体系。说明本单位应急预案体系的构成情况。
Ⅴ.应急工作原则。说明本单位应急工作的原则，内容应简明扼要、明确具体。
b.施工单位的危险性分析。
Ⅰ.施工单位概况。主要包括单位总体情况及生产活动特点等内容。
Ⅱ.危险源与风险分析。主要阐述本单位存在的危险源及风险分析结果。
c.组织机构及职责。
Ⅰ.应急组织体系。明确应急组织形式、构成单位或人员，并尽可能以结构图的形式表示出来。
Ⅱ.指挥机构及职责。明确应急救援指挥机构总指挥、副总指挥、各成员单位及其相应职责。应急救援指挥机构根据事故类型和应急工作需要，可以设置相应的应急救援工作小组，并明确各小组的工作任务及职责。
d.预防与预警。
Ⅰ.危险源监控。明确本单位对危险源监测监控的方式、方法，以及采取的预防措施。
Ⅱ.预警行动。明确事故预警的条件、方式、方法和信息的发布程序。
Ⅲ.信息报告与处置。按照有关规定，明确事故及未遂伤亡事故信息报告与处置办法。
e.应急响应。
Ⅰ.响应分级。针对事故危害程度、影响范围和单位控制事态的能力，将事故分为不同的等级。按照分级负责的原则，明确应急响应级别。
Ⅱ.响应程序。根据事故的大小和发展态势，明确应急指挥、应急行动、资源调配、应急避险、扩大应急等响应程序。
Ⅲ.应急结束。明确应急终止的条件，事故现场得以控制，环境符合有关标准。事故导致的次生、衍生事故隐患消除后，经事故现场应急指挥机构批准后，现场应急结束。结束后明确：事故情况上报事项；需向事故调查处理小组移交的相关事项；事故应急救援工作总结报告。
f.信息发布。明确事故信息发布的部门，发布原则。事故信息应由事故现场指挥部及时准确地向新闻媒体通报。
g.后期处置。主要包括污染物处理、事故后果影响消除、生产秩序恢复、善后赔偿、抢险过程和应急救援能力评估及应急预案的修订等内容。
h.保障措施。

Ⅰ.通信与信息保障。明确与应急工作相关联的单位或人员的通信联系方式和方法,并提供备用方案。建立信息通信系统及维护方案,确保应急期间信息通畅。

Ⅱ.应急队伍保障。明确各类应急响应的人力资源,包括专业应急队伍、兼职应急队伍的组织与保障方案。

Ⅲ.应急物资装备保障。明确应急救援需要使用的应急物资和装备的类型、数量、性能、存放位置、管理责任人及其联系方式等内容。

Ⅳ.经费保障。明确应急专项经费来源、使用范围、数量和监督管理措施,保障应急状态时生产经营单位应急经费及时到位。

Ⅴ.其他保障。根据本单位应急工作需求而确定的其他相关保障措施(如交通运输保障、治安保障、技术保障、医疗保障、后勤保障等)。

i.培训与演练。

Ⅰ.培训。明确对本单位人员开展应急培训的计划、方式和要求。如果预案涉及社区和居民,要做好宣传教育和告知等工作。

Ⅱ.演练。明确应急演练的规模、方式、频次、范围、内容、组织、评估、总结等内容。

j.奖惩。明确事故应急救援工作中奖励和处罚的条件和内容。

k.附则。

Ⅰ.术语和定义。对应急预案涉及的一些术语进行定义。

Ⅱ.应急预案备案。明确本应急预案的报备部门。

Ⅲ.维护和更新。明确应急预案维护和更新的基本要求,定期进行评审,实现可持续改进。

Ⅳ.制定与解释。明确应急预案负责制定与解释的部门。

Ⅴ.应急预案实施。明确应急预案实施的具体时间。

② 专项应急预案编制的主要内容。

a.事故类型和危害程度分析。在危险源评估的基础上,对其可能发生的事故类型和可能发生的季节及事故严重程度进行确定。

b.应急处置基本原则。明确处置安全生产事故应当遵循的基本原则。

c.组织机构及职责。

Ⅰ.应急组织体系。明确应急组织形式、构成单位或人员,并尽可能以结构图的形式表示出来。

Ⅱ.指挥机构及职责。根据事故类型,明确应急救援指挥机构总指挥、副总指挥以及各成员单位或人员的具体职责。应急救援指挥机构可以设置相应的应急救援工作小组,明确各小组的工作任务及主要负责人职责。

d.预防与预警。

Ⅰ.危险源监控。明确本单位对危险源测监控的方式、方法,以及采取的预防措施。

Ⅱ.预警行动。明确具体事故预警的条件、方式、方法和信息的发布程序。

e.信息报告程序。其主要包括:

Ⅰ.确定报警系统及程序。

Ⅱ.确定现场报警方式,如电话、警报器等。

Ⅲ.确定24 h与相关部门的通信、联络方式。

Ⅳ.明确相互认可的通告、报警形式和内容。

Ⅴ.明确应急反应人员向外求援的方式。

f.应急处置。

Ⅰ.响应分级。针对事故危害程度、影响范围和单位控制事态的能力,将事故分为不同的等级。按照分级负责的原则,明确应急响应级别。

Ⅱ.响应程序。根据事故的大小和发展态势,明确应急指挥、应急行动、资源调配、应急避险、扩大应急等响应程序。

Ⅲ.处置措施。针对本单位事故类别和可能发生的事故特点、危险性,制定应急处置措施(如火灾、透水等事故应急处置措施,危险化学品火灾、爆炸、中毒等事故应急处置措施)。

g.应急物资与装备保障。明确应急处置所需的物资与装备数量,以及相关管理维护和使用方法等。

③ 现场处置方案的主要内容。

a.事故特征。其主要包括:

Ⅰ.危险性分析,可能发生的事故类型。

Ⅱ.事故发生的区域、地点或装置的名称。

Ⅲ.事故可能发生的季节和造成的危害程度。

Ⅳ.事故前可能出现的征兆。

b.应急组织与职责。其主要包括:

Ⅰ.单位应急自救组织形式及人员构成情况。

Ⅱ.应急自救组织机构、人员的具体职责,应同单位人员工作职责紧密结合,明确相关岗位和人员的应急工作职责。

c.应急处置。其主要包括:

Ⅰ.事故应急处置程序。根据可能发生的事故类别及现场情况,明确事故报警、各项应急措施启动、应急救护人员的引导、事故扩大及同企业应急预案衔接的程序。

Ⅱ.现场应急处置措施。针对可能发生的火灾、爆炸、危险化学品泄漏、坍塌、水患、机动车辆伤害等,从操作措施、工艺流程、现场处置、事故控制、人员救护、消防、现场恢复等方面制定明确的应急处置措施。

Ⅲ.明确报警电话及上级管理部门、相关应急救援单位的联络方式和联系人员,事故报告的基本要求和内容。

d.注意事项。其主要包括:

Ⅰ.佩戴个人防护器具方面的注意事项。

Ⅱ.使用抢险救援器材方面的注意事项。

Ⅲ.采取救援对策或措施方面的注意事项。

Ⅳ.现场自救和互救注意事项。

Ⅴ.现场应急处置能力确认和人员安全防护等事项。

Ⅵ.应急救援结束后的注意事项。

Ⅶ.其他需要特别警示的事项。

7.4.2 应急预案的管理

建设工程应急预案的管理包括应急预案的评审、备案、实施和奖惩。

（1）应急预案的评审　地方各级安全生产监督管理部门应当组织有关专家对本部门编制的应急预案进行审定，必要时可以召开听证会，听取社会有关方面的意见。涉及相关部门职能或者需要有关部门配合的，应当征得有关部门同意。

参加应急预案评审的人员应当包括应急预案涉及的政府部门工作人员和有关安全生产及应急管理方面的专家。评审人员与所评审预案的生产经营单位有利害关系的，应当回避。

应急预案的评审或者论证应当注重应急预案的实用性、基本要素的完整性、预防措施的针对性、组织体系的科学性、响应程序的操作性、应急保障措施的可行性、应急预案的衔接性等内容。

（2）应急预案的备案　单位中实行安全生产许可的，其综合应急预案和专项应急预案，按照隶属关系报所在地县级以上地方人民政府安全生产监督管理部门和有关主管部门备案；未实行安全生产许可的，其综合应急预案和专项应急预案的备案，由省、自治区、直辖市人民政府安全生产监督管理部门确定。

（3）应急预案的实施　各级安全生产监督管理部门、生产经营单位应当采取多种形式开展应急预案的宣传教育，普及生产安全事故预防、避险、自救和互救知识，提高从业人员的安全意识和应急处置技能。

生产经营单位应当制定本单位的应急预案演练计划，根据本单位的事故预防重点，每年至少组织一次综合应急预案演练或者专项应急预案演练，每半年至少组织一次现场处置方案演练。

（4）应急预案的奖惩

① 奖励。在事故应急救援过程中，有下列突出表现的部门和个人，依据公司相关规定予以奖励：

a. 出色完成应急处置任务，成绩显著的；
b. 防止或抢救事故有功，避免或减少人员受伤、财产损失的；
c. 对应急工作提出重大建议，实施后效果显著的；
d. 其他有特殊贡献的。

② 惩罚。

在事故应急救援过程中，有下列行为的部门和个人，依据公司相关规定予以处罚，涉及民事或刑事责任的，送交司法机关处置：

a. 发现事故后迟报、漏报、瞒报或不报；
b. 不服从应急总指挥或主管命令，不配合甚至扰乱救援工作的；
c. 盗窃、挪用、贪污应急救援资源的；
d. 散播谣言，扰乱社会和公司秩序；
e. 其他应惩罚的行为。

第8章 全过程工程咨询施工阶段沟通管理

8.1 概述

全过程工程咨询服务机构应建立项目相关方沟通管理机制，健全项目协调制度，确保全过程工程咨询服务机构内部与外部各个层面的交流与合作。项目沟通与协调工作包括组织之间和个人之间两个层面。通过沟通需形成人与人、事与事、人与事的和谐统一。

全过程工程咨询服务机构应将沟通管理纳入日常管理计划。沟通信息，协调工作，避免和消除在项目运行过程中的障碍、冲突和不一致。全过程工程咨询服务机构是项目各相关方沟通管理的基本主体，其沟通活动需贯穿项目日常管理的全过程。

项目各相关方均需构建适宜有效的沟通机制，包括采取制度建设、完善程序、固化模式等方法，以提高沟通运行的有效性，确保相互之间沟通的零距离。

8.1.1 沟通的概念

《大英百科全书》中认为"沟通是用任何方法，彼此交换信息，即指一个人与另一个人之间用视觉、符号、电话、电报、收音机、电视或其他工具为媒介，所从事交换信息的方法"。简单点说，沟通就是两个或两个以上的人或实体之间信息的交流。这种信息的交流，既可以是通过通信工具进行交流，如电话、传真、网络等，也可以是发生在人与人之间、人与组织之间的交流。

任何组织的管理只有通过信息交流即沟通才能实现，所以，组织管理效果的好坏可以通过其沟通效果来测定。沟通效果较好，则管理就较成功，工作效率就提高；反之，沟通不力，则表现为管理较差。管理的实施几乎完全依赖于沟通，一个管理者能否成功地进行沟通，很大程度上决定了他能否成功地对组织进行管理。

8.1.2 沟通的对象

项目沟通的对象，应是与项目有关的内部、外部的有关组织和个人。内部组织指的是人员、职能部门成员和班组成员。项目外部组织和个人是指建设单位有关人员、设计单位有关人员、监理单位有关人员、供货单位有关人员、政府监督部门及有关人员等。

项目组织应该通过各相关方的有效沟通，取得各方的认同、配合和支持，达到解决问题、排除障碍、形成合力、确保工程项目管理目标实现的目的。

8.1.3 沟通的要素

沟通是在个人和文化两种条件下进行的双向过程，也可以理解为"传递思想，使别人理解自己的过程"。其含义是说沟通是一个互相交流的过程。有效的沟通就是为了活动的启动、协调、反馈及中间流程的纠正等目的而互相交换思想和看法。

管理者必须发挥良好的沟通技能。对现代高层管理者而言，一个最重要的限制，也是最为突出和严重的困难就是写作或会谈能力的缺乏，他们往往不能将复杂情况用简明易懂的语言表达出来，而对这些情况只有这些管理者有所了解。

管理者的最基本的技能就是能以书面或口头的形式组织和表达思想，他的成功依赖于他能通过口头和书面文字对别人产生影响，这种将自己思想表达清楚的能力就是管理者应该拥有的最为重要的技能。

沟通的技能对所有管理阶层工作的功效都是很关键的。计划和实施的成功程序与沟通的技能直接相关。

通俗地讲沟通模式就是：谁向谁说了什么，产生了效果而使其接受。根据这个模式，沟通有三个基本要素——沟通者、内容、接受者。这三个沟通要素被认为会对信息的效果产生重要影响。

（1）沟通者 对任何信息所达到的效果而言，发出者都是很关键的。信息源的可信赖性、意图和属性都很重要。在一些情况下，只要让人们知道某条信息来源于一个有名望、有影响的人，就足以使之为人们所接受。研究的证据表明，对沟通的反应常受到以下暗示的重要影响：沟通者和意图，专业水平和可信赖性。但到了接受者能区分信息和来源的时候，信息来源可能就要失去其重要性。但在能作出这种区别之前，沟通者就变得非常关键。

（2）内容 影响信息效果的另一个重要因素就是信息的内容。信息的内容可以通过以下两种沟通特性的表现来反向描述。

① 有效情感强度的把握。根据大量的研究表明，当沟通对象的情感强度上升，对沟通者所提建议的接受程度并不一定相应地上升。对任何类型的劝说性沟通而言，这种关系更可能是曲线形的。当情感强度从零增至一个中等程度时，接受性也增加；但是情感强度再增强至更高水平时，接受性反而会下降。

这就表明情感强度处于很高或很低水平时都可能有钝化作用，中等情感强度是最有效的。然而，在最终的分析中，对某信息应施用多少程度的情感还要靠主观判断。

② 劝说型沟通的把握。在劝说型的沟通中，对非人格化的主题给出一系列复杂的论据，

通常明确地给出结论比让听众自己得出结论更为有效,特别是听众一开始不同意评论者的主张的时候更应如此。

从长远来看给出双方面论据相对于只给出单方面论据更有效。如果不管最初的观点是什么,沟通对象都将处于随后的反面宣传之中;或不论沟通对象是否暴露于随后的反面宣传之中,沟通对象一开始就不同意评论者的主张。在这些情况下,给出双方面的论据更有利于沟通对象对评论者观点的接受。但如果沟通对象在一开始就同意评论者的主张,而后来又不会处于反面宣传之中,那么提供双方面的论据就没有只提供单方面的论据有效。

从以上分析可以推断:一个令人信服的单方面沟通(是指仅说出问题的一个方面,或一种观点,而不说明相反方面,不要与单向沟通混淆)能使人们转向期望的方向,至少可以是暂时的,直至他们听到问题的另一个方面。然而,双方面的沟通效果都是持久的。它为沟通对象提供了消除或不理睬负面看法而保留正面看法的基础。

根据有关研究表明,按突降次序给出主要论据收到的效果最好,在这种情况下,人们开始时对沟通的兴趣很小。在开始时兴趣就很高的情况下,其他的因素如接受者的个性和倾向及沟通者、信息的内容等,对表达的内容更为重要。这些因素的相关组合可构成特定情况下的最佳表达。

(3)接受者 沟通中的第三个重要因素就是接受者。个人的个性及接纳他的群体都很重要。个性可从总体智力和需求倾向两方面来确定。有两个假设必须说明:

① 具有较高智商的人,由于他们具有进行正确推理的能力,所以当他们处于这种类型的劝说型沟通中时,比智商较低的人更容易受到影响,这种沟通主要依赖于印象的逻辑论证。

② 具有较高智商的人,由于他们具有较强的否定意识,所以当他们处于这种类型的劝说型沟通中时,比智商较低的人更少受到影响。这种沟通是基于无依据的归纳,或建立在假设的、不合乎逻辑的无关论据之上的。

个性还应从需求倾向的角度来探究。某些个性需求能使个人易于上当受骗。一个人的社会感觉不健全,压抑、进攻性等都与较强的个性相关联,这种个性可用劝说型沟通来度量。具有很强自尊心的个人更倾向于自己思考,而不会放任自己过分地受外界影响。

个人所属的社会群体也会对沟通产生重要的影响,特别当这种沟通违背这个群体的一些原则时,表现尤为强烈。一个人的态度很大程度上依赖于他所属群体的观点和态度,特别是在他很珍惜作为这个群体中的成员这一身份时更为明显。通常情况下在一个群体中最珍视其成员身份的人,他们的观点最不易受那些违反原则的沟通的影响。这就表明对一个群体的归附程度和这个群体准则的内部化之间有着直接的关系。

概括起来,沟通的效果不仅取决于接受者的个性,还取决于接受者对某个群体的归附程度和这个群体确定的一些原则。

8.2 施工阶段沟通管理计划

8.2.1 施工阶段沟通管理的概述

(1)施工阶段沟通管理的概念 施工阶段沟通管理是一种系统化的过程。施工阶段沟通管理的目的是要保证施工阶段项目信息及时、准确地提取、收集、分发、存储、处理，保证全过程工程咨询服务机构内外信息的畅通。在全过程工程咨询服务机构内，沟通是自上而下或者自下而上的一种信息传递过程。在这个过程当中，关系到全过程工程咨询服务机构团队的目标、功能和组织机构各个方面。同样，与外部的沟通也很重要。而施工阶段沟通管理就为参与项目施工阶段的人员与信息之间建立了联系，成为施工阶段各方面管理的纽带，对取得施工阶段成功是必不可少的。

（2）施工阶段沟通管理的内容　全过程工程咨询服务机构施工阶段沟通包括全过程工程咨询服务机构与项目各主体组织管理层、派驻现场人员之间的沟通、全过程工程咨询服务机构内部各部门和相关成员之间的沟通、全过程工程咨询服务机构与政府管理职能部门和相关社会团体之间的沟通等。

① 全过程工程咨询服务机构内部的沟通。全过程工程咨询服务总负责人所领导的全过程工程咨询服务机构是组织的核心。通常全过程工程咨询服务机构直接控制资源由全过程工程咨询服务机构中的全过程工程咨询服务专业负责人具体实施控制。全过程工程咨询服务总负责人和全过程工程咨询服务专业负责人之间及各全过程工程咨询服务专业负责人之间存在着共同的责任。他们之间应该具有良好的工作关系，应当经常进行沟通和协调。在全过程工程咨询服务机构内部的沟通中，全过程工程咨询服务总负责人起着核心作用，如何进行沟通以协调各职能工作，激励全过程工程咨询服务机构成员，是全过程工程咨询服务总负责人的重要课题。全过程工程咨询服务机构的成员的来源与角色是复杂的，有不同的专业目标和兴趣。

a. 全过程工程咨询服务总负责人与技术专家的沟通是十分重要的，他们之间存在许多沟通障碍。技术专家常常对基层的具体施工了解较少，只注意技术方案的优化，而对社会和心理方面的影响则注意较少。全过程工程咨询服务总负责人应该积极引导，从全局的角度考虑，既发挥技术人员的作用，又能使方案在全局切实可行。

b. 建立完备的项目管理系统，明确划分各自的工作职责，设计比较完备的管理工作流程，明确规定项目中的正式沟通的方式、渠道和时间，使大家能够按程序、按规则办事。但同时，全过程工程咨询服务总负责人不能够对管理程序寄予太大的希望，认为只要建立科学的管理程序，要求成员按照程序办事就能够比较好的解决组织沟通的问题。首先因为过细的管理程序会使依赖于它的组织僵化；其次，由于项目具有一次性和特殊性，实际情况千变万化，对其很难进行定量的评价，要管理好项目，还是要依靠管理者的能力；再者，过于程序化不能灵活地应对外界条件的变化，使组织效率低下，组织的摩擦大，管理成本提高。

c. 由于项目施工的特点，全过程工程咨询服务总负责人应该从心理学、行为学等角度激励各个成员的积极性。虽然全过程工程咨询服务总负责人没有给项目成员提升、加薪的权力，但是通过有效地沟通，采取一系列的有效措施，同样可以使项目成员的积极性得到提高。采用民主的工作作风，不独断专行。在全过程工程咨询服务机构内放权，让组织成员独立工作，充分发挥他们的积极性和创造性，使他们对自己的工作产生一种成就感。全过程工程咨询服务总负责人通过自己的品格、热情和工作挑战精神来影响项目成员，改进工作关系，形成团队。鼓励大家参与和协作，一起研究目标，制定计划，倾听项目成员的意见、建议，允许质疑，营造一种互相信任、和谐的工作气氛。公开、公正、公平，对上层的指令、决策应该清楚快速地传达到项目成员和相关职能部门；对项目实施过程中存在和遇到的问题，不掩饰不逃避，让大家了解到真实情况，增强团队的凝聚力；合理分配工作，并能够客观公正地接受反馈意见；该奖则奖，该罚则罚，公平地进行奖罚。

d. 对以项目施工作为经营对象的组织，应形成比较稳定的全过程工程咨询服务机构队伍，这样尽管项目是一次性的，但作为全过程工程咨询服务机构来讲，是相对稳定的。各个成员之间彼此了解，能够大大减少组织摩擦。

e. 由于全过程工程咨询服务机构是临时性的组织，特别是在矩阵制的组织中，项目成员在原职能部门仍然保持其专业职位，同时又为项目服务，这就要求全过程工程咨询服务专业负责人对双重身份都具有相当的忠诚性。

f. 在全过程工程咨询服务机构内部建立公平、公正的考评工作业绩的方法、标准，并定期客观地对成员进行业绩考评，去除不可控制、不可预期的因素。

② 全过程工程咨询服务总负责人与业主的沟通。业主代表项目的所有者，对项目具有特殊的权力，而全过程工程咨询服务总负责人为业主管理项目，必须服从业主的决策、指令和对工程项目的干预，全过程工程咨询服务总负责人的最重要的职责是保证业主满意。要取得项目施工的成功，必须获得业主的支持。

a. 全过程工程咨询服务总负责人首先要理解施工总目标、理解业主的意图、反复阅读合同或项目任务文件。对于未能参加项目决策过程的全过程工程咨询服务总负责人，必须了解项目构思的基础、起因、出发点，了解目标设计和决策背景。否则可能对目标及完成任务有不完整的，甚至是无效的理解，会给他的工作造成很大的困难。如果全过程工程咨询服务总负责人和施工实施状况与最高管理层或业主的预期要求不同，业主将会干预，要改正这种状态。所以全过程工程咨询服务总负责人必须花很大力气来研究业主，研究项目施工目标。

b. 让业主一起投入项目施工管理，而不仅仅是给他一个结果。尽管有预定的目标，但项目施工实施必须执行业主的指令，使业主满意。而业主通常是其他专业或领域的人，可能对项目施工懂得很少，因此常常有全过程工程咨询服务总负责人抱怨：业主什么都不懂，瞎指挥、乱干预。从另一个角度来看，这不完全是业主的责任，很大程度上是由于全过程工程咨询服务总负责人与业主的沟通不够。要改变这种状态，解决这个问题，常用的方法有：使业主理解项目施工、项目施工过程，使其成为专家，减少他的非程序干预和越级指挥。特别应防止业主的组织内部其他部门的人员随便干预和指令项目施工，将组织内部的矛盾、冲突带到项目施工中来。许多人不希望业主过多的介入项目，实质上是不可能的。一方面，全过程工程咨询服务总负责人无法也无权拒绝业主的干预；另一方面，业主介入为项目施工顺利实施起到了一定的作用。业主对项目施工过程的参与使其对项目施工过程和困难有了深入的认识，使决策更为科学和符合实际，同时使其有成就感，积极为项目施工提供帮助。

通过沟通使全过程工程咨询服务总负责人在作出决策安排时能考虑到业主的期望、习惯和价值观念，了解业主对项目施工关注的焦点，随时向业主通报情况。在业主作决策时，向他提供充分的信息，让他了解项目的全貌、项目施工的实施情况、方案的利弊得失及对目标的影响。加强计划性和预见性，让业主了解承包商、了解非程序干预的后果。业主和全过程工程咨询服务总负责人双方理解得越深，双方的期望越清楚，矛盾就越少。否则当业主成为项目施工的一个干扰因素的时候，全过程工程咨询服务必然会遭遇失败的结局。

c. 业主在委托给全过程工程咨询服务总负责人任务后，应将项目前期策划和决策过程向全过程工程咨询服务总负责人作全面的说明和解释，提供详细的资料。众多的国际项目管理经验证明，在项目实施过程中，全过程工程咨询服务总负责人越早进入到项目中，项目施工将实施得越顺利。最好是让全过程工程咨询服务总负责人参与目标设计和决策过程，在整个项目过程中保持全过程工程咨询服务机构的稳定性和连续性。

d. 全过程工程咨询服务总负责人有时会遇到业主所属组织的其他部门，或者合资者各方都想来指导项目施工实施的情况。对于这种状况，全过程工程咨询服务总负责人应该很好地听取这些人的意见和建议，对他们作出耐心的解释和说明，但不能让其直接指导实施和指挥项目组织成员。

③ 全过程工程咨询服务总负责人与承包商的沟通。通常承包商指工程施工的承包商、设计单位、供应商、监理单位。他们与全过程工程咨询服务机构没有直接的合同关系，但他们必须接受全过程工程咨询服务总负责人的领导、组织和协调、监督。

a. 在技术交底以及整个项目实施过程中，全过程工程咨询服务总负责人应该让各承包商理解总目标、阶段目标以及各自的目标、项目施工的实施方案、各自的工作任务及职责等，并向他们解释清楚，作详细说明，增加项目的透明度。

b. 指导和培训各参加者和基层管理者适应项目工作，向他们解释项目施工管理程序、沟通渠道与方法。经常对项目施工目标、合同、计划等进行解释，在发布命令后作出具体说明，有利于有效地消除对抗。

c. 全过程工程咨询服务总负责人在观念上应该强调自己是提供服务、帮助，强调各方面利益的一致性和项目的总目标性。因而，即使业主将具体的工程项目管理事务委托给全过程工程咨询服务总负责人，赋予全过程工程咨询服务总负责人很大的权力，但是全过程工程咨询服务总负责人不能对承包商随便动用处罚权，当然不得已时除外。

d. 在招标、签订合同、工程施工中应让承包商掌握信息，了解情况，以作出正确的决策。

e. 为了减少对抗、消除争执，取得更好的激励效果，全过程工程咨询服务总负责人应该鼓励承包商将项目施工实施状况的信息、实施结果及实施过程中遇到的困难等向全过程工程咨询服务总负责人汇总和集中，寻找和发现对计划、控制有误解，或有对立情绪的承包商，以及可能存在的干扰。各方面了解得越多，沟通得越多，项目施工中存在的争执就越少。

8.2.2　施工阶段沟通管理计划的主要内容

施工阶段沟通的内容包括项目建设有关的所有信息。全过程工程咨询服务机构需做好与政府相关主管部门的沟通协调工作，按照相关主管部门的管理要求，提供项目信息，办理与设计、采购、施工和试运行相关的法定手续，获得审批或许可；做好与设计、采购、施工和试运行有直接关系的社会公用性单位的沟通协调工作，获取和提交相关的资料，办理相关的手续及获得审批。

施工阶段沟通管理计划应包括下列内容：
① 沟通范围、对象、内容与目标。
② 沟通方法、手段及人员职责。
③ 信息发布时间与方式。

信息分发就是把所需要的信息及时地分发给项目利害关系者，包括实施沟通管理计划，以及对不曾预料的信息索取要求作出反应。

（1）信息分发的内容　要进行信息的分发，首先应该确定按照哪些内容进行信息的分发。

① 项目计划的工作结果。项目组织应该收集工作成果的资料，作为项目计划执行的一部分。

② 沟通管理计划。应该根据项目早期阶段所制定的沟通管理计划实施，并在实际操作中不断修改和完善，以适应项目发展过程。

③ 项目计划。项目计划是在项目的招投标过程中，经过科学论证并得到批准的正式文件，对此，项目组织应该及时分阶段地将项目计划信息分发出去。

（2）信息分发的方式

① 沟通技巧。沟通技巧用于交换信息。信息的发送者保证信息的内容清晰明确、完整无缺、不模棱两可，以便让接收者能够正确接收，并确认理解无误。接收者的责任在于保证信息接收完整、信息理解无误。在沟通过程中有多种方式，也就是常说的书面沟通与口头沟通，正式沟通与非正式沟通，上行沟通、下行沟通与平行沟通等等。

② 项目管理信息系统。项目管理信息系统是用于收集、整合、散发信息及其他过程结果的工具和技术的总和。通过项目管理信息系统，管理者能够快速查找和处理纷繁复杂的事件，通过各种方法共享系统信息。

该系统主要包含了信息检索系统和信息分发系统。信息通过信息检索系统由项目班子成员与利害关系者通过多种方式共享，包括手工归档系统、电子数据库、项目管理软件以及可调用工程图纸、设计要求、实验计划等技术文件的系统。项目信息通过信息分发系统以多种方式分发，包括项目会议，硬拷贝文件分发，共享的网络电子数据库、传真、电子邮件、电话信箱留言、可视电话会议以及项目内联网等。

③ 沟通信息的传递。项目沟通的信息要以管理信息系统为载体，根据信息的重要程度实施不同的传递方式。特殊沟通信息应按照特殊途径进行传递；重要沟通信息应按照高等级的方式进行传递；一般沟通信息应按照普通的方式进行传递。以确保信息在规定的条件下及时、有效、快捷、安全地到达既定的部门。

另外，施工阶段沟通管理计划还需考虑项目绩效报告安排及沟通需要的资源，沟通效果检查与沟通管理计划的调整。

8.2.3　施工阶段沟通管理相关方需求识别与评估

建设单位应分析和评估其他各相关方对项目质量、安全、进度、造价、环保方面的理解和认识，同时分析各方对资金投入、计划管理、现场条件以及其他方面的需求。

勘察、设计单位应分析和评估建设单位、施工单位、监理单位以及其他相关单位对勘察设计文件及资料的理解和认识，分析其对文件质量、过程跟踪服务、技术指导和辅助管理工作的需求。

施工单位应分析和评估建设单位以及其他相关方对技术方案、工艺流程、资源条件、生产组织、工期、质量和安全保障以及环境和现场文明的需求；分析和评估供应、分包及技术咨询单位；分析和评估对现场条件提供的资金保证以及相关配合的需求。

监理单位应分析和评估建设单位的各项目标需求、授权和权限，分析和评估施工单位及其他相关单位对监理工作的认识和理解、提供技术指导和咨询服务的需求。

专业承包、劳务分包和供应单位应当分析和评估建设单位、施工单位、监理单位对服务质量、工作效率以及相关配合的具体要求。

全过程工程咨询服务机构在分析和评估其他方需求的同时,也应对自身需求做出分析和评估,明确定位,与其他相关单位的需求有机融合,减少冲突和不一致。项目相关方需求矛盾和冲突的主要原因包括认识偏差、理解分歧和实施时段的不吻合,具体表现为工艺方案、资源投入、施工作业、实施效果以及环境影响等方面。

8.2.4 施工阶段沟通管理编写计划编写要求

(1)施工阶段沟通管理计划编制原则 在沟通计划中要确定利害关系者的信息与沟通需求,也就是谁需要何种信息、何时需要以及如何向他们传递信息。因此,项目的沟通计划要认清利害关系者的信息需求,确定满足这些需求的恰当手段。同时,虽然项目的沟通计划是在项目早期阶段进行的,但在项目的整个过程中都应该对其结果进行定期的检查,并根据需要进行修改,以保证其继续适用性。

(2)施工阶段沟通管理计划编制依据

① 合同文件。

② 组织制度和行为规范。

③ 项目施工相关方需求识别与评估结果。

④ 项目施工实际情况。

⑤ 项目主体之间的关系。

⑥ 沟通方案的约束条件、假设以及适用的沟通技术。

进行项目沟通的方式有很多,选用何种沟通方式能够达到有效、迅速、快捷传递信息的目的,取决于下列因素:

a. 对信息要求的紧迫程度。如果项目对信息传递要求较紧急,可以通过口头沟通的方式,相反则可以采用定期发布书面报告的形式。

b. 技术的取得性。例如项目的需求是否有理由要求扩大或缩小已有的系统。

c. 预期的项目环境。对于已经建立的沟通信息系统,是否适合项目成员经验的交流和专业特长的发挥,能不能使所有的成员都能从沟通中获得想要的信息。

d. 制约因素和假设。制约因素和假设是限制项目管理人员选择的因素,项目沟通管理者应对其他知识领域各过程的结果进行评价,找出可能影响项目沟通的因素,并采取措施。

⑦ 冲突和不一致解决预案。

(3)施工阶段沟通管理计划应由授权人批准后实施。全过程工程咨询服务机构应定期对施工阶段沟通管理计划进行检查、评价和改进。

8.3 施工阶段沟通管理的沟通程序与方式

8.3.1 施工阶段沟通管理的沟通程序

(1)沟通程序概述 信息沟通是在项目组织内部、外部的公众之间进行信息交流和传递活动。对于沟通渠道的选择,可能会影响到工作效率以及项目成员和参与者的信心。

① 正式沟通渠道。在信息的传递过程中，信息并非由发出信息的人直接传递给所需要这个信息的人，中间要经过一些人或组织的转达。这就形成了沟通渠道和沟通网络问题。

对于正式的沟通渠道，通常存在 5 种模式：链式、轮式、环式、Y 式、全通道式，见图 8-1。

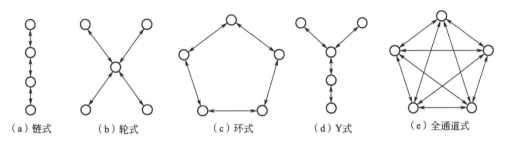

（a）链式　　（b）轮式　　（c）环式　　（d）Y 式　　（e）全通道式

图 8-1　正式沟通渠道

图 8-1 中，每一个圆圈看成是一个成员或者组织的同等物，箭头表示信息传递的方向。

a. 链式沟通渠道。在链式网络中，信息按照高低层次逐级传递，信息可以自上而下或者自下而上进行交流。在这个模式中，居于两端的传递者职能与里面的每一个传递者相联系，居中的则可以分别与上下互通信息。各个信息传递者所接受的信息差异较大。该模式的优点是信息传递速度快，适用于项目组织庞大、实行分层授权控制的项目信息传递及沟通。

b. 轮式沟通渠道。在轮式沟通模式中，重要的主管部门分别与下属部门发生沟通，成为个别信息的汇集点和传递中心。在这种模式中，只有位于主管位置的人员或组织才能全面了解情况，并由其向下属发出指令，而下级部门之间没有沟通联系，分别只掌握了本部门的情况。该沟通模式是加强控制、争时间、抢速度的一个有效方法和沟通模式。

c. 环式沟通渠道。信息通过不同成员之间依次联络沟通，有助于形成团队，提高成员士气，使大家都满意。

d. Y 式沟通渠道。在该模式中，项目其中一个成员或组织位于沟通活动的中心，成为中间媒介与中间环节。

e. 全通道式沟通渠道。该模式是一个开放的信息沟通系统，其中每一个成员之间都有一定的联系，彼此了解。通常适用于民主、合作精神强的组织中。

② 非正式沟通渠道。在沟通当中，除了有正式沟通渠道，还有非正式沟通渠道。一部分信息是通过非正式沟通渠道进行传播的，也就是通常所说的小道消息。

对于非正式的沟通渠道，即小道消息的传播，通常也有四种传播方式：单线式、流言式、偶然式和集束式，见图 8-2。

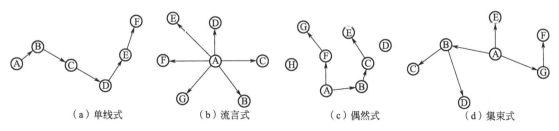

（a）单线式　　（b）流言式　　（c）偶然式　　（d）集束式

图 8-2　非正式沟通渠道

a. 单线式。消息由 A 通过一连串的人传播给最终的接收者。

b. 流言式。又称为闲谈传播式，是由 A 主动地把小道消息传播给其他人，例如在小组会上传播小道消息。

c. 偶然式。又称机遇传播式。消息由 A 按照偶然的机会传播给他人，他人又按照偶然的机会传播给其他人，并没有固定的路线。

d. 集束式。又称为群集传播式。信息由 A 有选择的告诉相关的人，相关的人也按照此方式进行信息的传播。这种沟通方式最为普遍。

（2）全过程工程咨询施工阶段沟通管理的沟通程序　全过程工程咨询服务机构应制定施工阶段沟通管理的沟通程序，明确沟通责任、方法和具体要求。

全过程工程咨询服务机构应在识别和评估其他方需求的基础上，按施工阶段的时间节点和不同需求细化施工阶段沟通内容，界定施工阶段沟通范围，明确施工阶段沟通方式和途径，并针对施工阶段沟通目标准备相应的预案。全过程工程咨询服务机构需加强项目信息的交流，提高信息管理水平，有效运用计算机信息管理技术进行信息收集、归纳、处理、传输与应用工作，建立有效的信息交流和共享平台，提高执行效率，减少和避免分歧。

施工阶段沟通管理应包括下列程序：项目施工目标分解；分析各分解目标、自身需求和相关方需求；评估各目标的需求差异；制定目标沟通计划；明确沟通责任人、沟通内容和沟通方案；按既定方案进行沟通；总结评价沟通效果。

全过程工程咨询服务机构应当针对项目施工阶段的实际情况，及时调整沟通计划和沟通方案。全过程工程咨询服务机构应进行下列项目信息的交流：施工阶段各相关方共享的核心信息；施工阶段内部信息；项目相关方施工阶段产生的有关信息。

8.3.2　施工阶段沟通管理的沟通方式

（1）沟通方式概述　沟通方式是多种多样的，可以从很多角度进行分类，例如，按照是否需要反馈信息，可以分为单向沟通和双向沟通；按照沟通信息的流向，可以分为上行沟通、下行沟通和平行沟通；按照沟通严肃性程度，可以分为正式沟通和非正式沟通；按照沟通信息的传递媒介，可以分为书面沟通和口头沟通等等。

① 正式沟通与非正式沟通。正式沟通是通过正式的组织过程来实现或形成的，是通过项目组织明文规定的渠道进行信息传递和交流的方式。由项目的组织结构图、项目流程、项目管理流程、信息流程和确定的运行规则所构成，这种正式的沟通方式和过程必须经过专门的设计，有固定的沟通方式、方法和过程，一般在合同中或项目手册中被规定成为一系列的行为准则。并且，这个准则得到大家的认可，作为组织的规则，以保证行动的一致。通常，这种正式沟通的结果具有法律效力。正式沟通的优点在于沟通效果好，有较强的约束力，缺点在于沟通的速度慢。

非正式沟通是在正式沟通之外进行的信息传递和交流。项目参与者既是正式项目组织中的项目小组成员，又是各种非正式团体中的一个角色。在非正式团体中，人们建立起各种关系来沟通信息，了解情况，影响人们的行为。非正式沟通的优点是沟通方便，沟通速度快，并且能够提供一些非正式沟通中难以获得的小道消息，但是缺点是信息容易失真。

② 上行沟通、下行沟通与平行沟通。上行沟通是指将下级的意见向上级反映，即自下而上的沟通。项目经理应该鼓励下级积极向上级反应情况，只有上行沟通的渠道畅通，项目

经理才能全面掌握情况，作出符合实际的决策。上行沟通通常有两种，一种是层层传递，即根据一定的组织原则和组织程序逐级向上级反映，另外就是减少中间的层次，直接由员工向最高决策者进行情况的反映。

下行沟通则是上级将命令信息传达给下级，是由上而下的沟通。平行沟通通常应用于组织中各个平行部门之间的信息交流。平行沟通有助于增加各个部门之间的了解，保证各个部门信息的畅通，减少各个平行部门之间的矛盾和冲突。

③ 单向沟通与双向沟通。当信息发送者与信息接收者之间没有相应的信息反馈的时候，所进行的沟通即为单向沟通。单向沟通过程中，一方只接收信息，另一方只发送信息。双方无论是在情感还是在语言上都不需要信息反馈。单向沟通适用于几种情况：一是问题较简单，但时间较紧；二是下属易于接受解决问题的方案；三是下属没有了解问题的足够信息，反馈不仅无助于解决问题反而有可能混淆视听。单向沟通信息传递速度快，但是准确性较差，有时又容易使接收者产生抗拒心理。

双向沟通中，信息发送者和信息的接收者不断进行信息的交换，信息的发送者在信息发送后及时听取反馈意见，必要时可以进行多次重复商谈，直到双方共同明确和满意为止。双向沟通比较适合于时间充裕，但问题棘手、下属对解决方案的接受程度至关重要、下属对解决问题提供有价值的信息和建议等情况。双向沟通的优点是沟通信息准确性较高，接收者有信息反馈的机会，有助于双方信息的有效交流，但是信息传递速度慢。

④ 书面沟通与口头沟通。书面沟通是指用书面形式所进行的信息传递和交流，例如通知、文件、报刊等等。其优点是可以作为资料长期保存，反复查阅。缺点是效率低，缺乏反馈。

口头沟通是与书面沟通相对应的沟通方式，运用口头表达进行信息交流，例如演说、谈话、讲座、电话通话等等。其优点是比较灵活、速度快，双方可以自由交换意见即时反馈，并且信息传递较为准确。但是缺点是传递过程中经过层层交换，信息容易失真，并且口头沟通不容易被保存。

⑤ 语言沟通与非语言沟通。语言沟通是利用语言、文字等形式进行的。非语言沟通是利用动作、表情、体态、声光信号等非语言方式进行的。

（2）全过程工程咨询施工阶段沟通管理的沟通方式　全过程工程咨询服务机构可采用信函、邮件、文件、会议、口头交流、工作交底以及其他媒介沟通方式与项目相关方进行沟通，重要事项的沟通结果应书面确认。具体可以分为以下方式和渠道：

① 信息检索系统：包括档案系统、计算机数据库、项目管理软件和工程图纸等技术文件资料；

② 工作分解结构（WBS）：施工阶段沟通与工作分解结构有着重要联系，可利用工作分解结构来编制施工阶段沟通管理计划；

③ 信息发送系统：包括会议纪要、文件、电子文档、共享的网络电子数据库、传真、电子邮件、网站、交谈和演讲等。

全过程工程咨询服务机构需依据施工阶段沟通管理计划、合同文件、相关法规、类似惯例、道德标准、社会责任和项目施工具体情况进行沟通。

全过程工程咨询服务机构应编制项目施工进展报告，说明项目施工实施情况、存在的问题及风险、拟采取的措施、预期效果或前景。

8.4 施工阶段的有效沟通

全过程工程咨询服务机构应制定全过程工程咨询服务机构组织协调制度,规范运行程序和管理。为使施工阶段沟通和协调的便捷、融洽,全过程工程咨询服务机构组织结构和职能需保持一致。全过程工程咨询服务机构应针对项目施工具体特点,建立合理的管理组织,优化人员配置,确保其规范、精简、高效。

全过程工程咨询服务机构应就容易发生冲突和不一致的事项,形成预先通报和互通信息的工作机制,化解冲突和不一致。易发生冲突和不一致的事项主要体现在合同管理方面。全过程工程咨询服务机构需确保行为规范和履行合同,保证项目施工运行节点交替的顺畅。全过程工程咨询服务机构应识别和发现问题,采取有效措施避免冲突升级和扩大。

在项目施工运行过程中,全过程工程咨询服务机构应分阶段、分层次、有针对性地进行组织人员之间的交流互动,增进了解,避免分歧,进行各自管理部门和管理人员的协调工作。

全过程工程咨询服务机构应实施施工阶段沟通管理和组织协调教育,树立和谐、共赢、承担和奉献的管理思想,提升项目施工阶段沟通管理绩效。

8.4.1 沟通障碍

在项目实施过程中,由于沟通不力或者沟通工作做得不到位,常常使得组织工作出现混乱,影响整个项目的实施效果。主要是存在语义理解、知识经验水平的限制、心理因素的影响、伦理道德的影响、组织结构的影响、沟通渠道的选择、信息量过大等的障碍。

(1)项目组织或项目经理部中出现混乱,总体目标不明,不同部门和单位兴趣与目标不同,各方有各方的打算和做法,甚至尖锐对立,而项目经理无法调解或无法解释。

(2)项目经理部经常讨论不重要的非事务性主题,所召开的会议常常被一些职能部门领导打断、干扰或偏离主题。

(3)信息未能在正确的时间内,以正确的内容和详细程度传达到正确的位置,各方抱怨信息不够,或者太多,或者不及时,或者不得要领。

(4)项目经理部中没有产生应有的争执,但是在潜意识中是存在的,各方不敢或者不习惯将争执提出来公开讨论,从而转入地下。

(5)项目经理部中存在或者散布着不安全、气愤、绝望、不信任等气氛,特别是在项目遇到危机、上层系统准备对项目作重大变更、项目可能不再进行、对项目组织作调整或项目即将结束时更加明显和突出。

(6)实施中出现混乱,各方对合同、指令、责任书理解不一或者不能理解,特别是在国际工程及国际合作项目中,由于不同语言的翻译造成理解的混乱。

(7)项目得不到组织职能部门的支持,无法获得资源和管理服务,项目经理花大量的时间和精力周旋于职能部门之间,与外界不能进行正常的信息沟通。

8.4.2 沟通障碍的分析及处理

(1)沟通障碍产生的原因

① 项目开始时或当某些参加者介入项目组织时,缺少对目标、责任、组织规则和过程

统一的认识和理解。在项目制定计划方案、作决策时未能听取基层实施者的意见，项目经理自认为经验丰富，武断决策，不了解实施者的具体能力和情况等，致使计划不符合实际。在制定计划时以及制定计划后，项目经理没有和相关职能部门进行必要的沟通，就指令技术人员执行。此外项目经理与发包人之间缺乏了解，对目标和项目任务有不完整的甚至无效的理解。项目前期沟通太少，例如在招标阶段给承包商编制投标文件的时间太短。

② 目标之间存在矛盾或表达上有矛盾，而各参加者又从自己的利益出发解释，导致混乱。项目管理者没能及时作出统一解释，使目标透明。项目存在许多投资者，他们进行非程序干预，形成实质上的多业主状况。参加者来自不同的专业领域、不同的部门，有不同的习惯、不同的概念和理解，而在项目初期没有统一解释文本。

③ 未对项目组织成员工作进行明确的结构划分和定义，各方不清楚他们的职责范围。项目经理部内部工作含混不清，职责冲突，缺乏授权。在企业中，同期的项目之间优先等级不明确，导致项目之间资源争执。

④ 管理信息系统设计功能不全，信息渠道、信息处理有故障，没有按层次、分级、分专业进行信息优化和浓缩。

⑤ 项目经理的领导风格和项目组织的运行风气不正，如：发包人或项目经理独裁，不允许提出不同意见和批评意见，内部言路堵塞；由于信息封锁，信息不畅，上层或职能部门人员故弄玄虚或存在幕后问题；项目经理部中有强烈的人际关系冲突，项目经理和职能经理之间互不信任，互不接受；不愿意向上司汇报坏消息，不愿意听那些与自己事先形成的观点不同的意见，采用封锁的办法处理争执和问题，相信问题会自行解决；项目成员兴趣转移，不愿承担义务；将项目管理看作是办公室的工作，作计划和决策仅依靠报表和数据，不注重与实施者直接面对面地沟通；经常以领导者的居高临下的姿态出现在成员面前，不愿多作说明和解释，习惯强迫命令，对承包商常常动用合同处罚或者以合同处罚相威胁。

⑥ 召开的沟通协调会议主题不明，项目经理权威性不强，或不能正确引导；与会者不守纪律，使正式的沟通会议成为聊天会议；有些职能部门领导过强或个性放纵，存在不守纪律、没有组织观念的现象，甚至拒绝任何批评和干预，而项目经理无力指责和干预。

⑦ 有人滥用分权和计划的灵活性原则，下层单位或子项目随便扩大它的自由处置权，过于注重发挥自己的创造性，这些均违背或不符合总体目标，并与其他同级部门产生摩擦，与上级领导产生权力争执。

⑧ 使用矩阵式组织，但各方并没有从直线式组织的运作方式上转变过来。由于组织运作规则设计得不好，项目经理与组织职能经理的权力、责任界限不明确。一个新的项目经理要很长时间才能被企业、管理部门和项目组织接受和认可。

⑨ 项目经理缺乏管理技能、技术判断力或缺少与项目相应的经验，没有威信。

⑩ 发包人或组织经理不断改变项目的范围、目标、资源条件和项目的优先等级。

（2）对沟通障碍的处理　对于沟通障碍，沟通中可以采用下述方法：

① 应重视双向沟通方法，尽量保持多种沟通渠道的利用、正确运用文字语言等。

② 信息沟通后必须同时设法取得反馈，以弄清沟通双方是否已经了解，是否愿意遵循并采取相应的行动等。

③ 项目经理部应当自觉以法律、法规和社会公德约束自身行为，在出现矛盾和问题时，首先应取得政府部门的支持、社会各界的理解，按程序沟通解决；必要时借助社会中介组织

的力量，调解矛盾、解决问题。

④ 为了消除沟通障碍，应该熟悉各种沟通方式的特点，以便在进行沟通时能够采用恰当的方式进行交流。

8.4.3 有效沟通的技巧

（1）首先要明确沟通的目的。对于沟通的目的，经理必须弄清楚，进行沟通的真正目的是什么，需要沟通的人理解什么，确定好沟通的目标，沟通的内容就容易确定了。

（2）实施沟通前先澄清概念。项目经理事先要系统地考虑、分析和明确所要进行沟通的信息，并将接收者可能受到的影响进行估计。

（3）只对必要的信息进行沟通。在沟通过程中，经理应该对大量的信息进行筛选，只把那些与所进行沟通人员工作密切相关的信息提供给他们，避免过量的信息使沟通无法达到原有的目的。

（4）考虑沟通时的环境情况。所说的环境情况，不仅仅包括沟通的背景、社会环境，还包括人的环境以及过去沟通的情况，以便沟通的信息能够很好地配合环境情况。

（5）尽可能地听取他人意见。在与他人进行商议的过程中，既可以获得更深入的看法，又易于获得他人的支持。

（6）注意沟通的表达。要使用精确的表达，把沟通人员意见用语言和非语言精确地表达出来，而且要使接收者从沟通的语言和非语言中得出所期望的理解。

（7）进行信息的反馈。在信息沟通后有必要进行信息的追踪与反馈，弄清楚接收者是否真正了解了所接收的信息，是否愿意遵循，并且是否采取了相应的行动。

（8）项目经理应该以自己的实际行动来支持自己的说法，行重于言，做到言行一致的沟通。

（9）从整体角度进行沟通。沟通时不仅仅要着眼于现在，还应该着眼于未来。多数的沟通，是符合当前形势发展的需要。但是，沟通更要与项目长远的目标相一致，不能与项目的总体目标产生矛盾。

（10）学会聆听。项目经理在沟通的过程中听取他人的陈述时应该专心，从对方的表述中找到沟通的重点。项目经理接触的人员众多，而且并不是所有的人都善于与人交流，只有学会聆听，才能够从各色沟通者的言语交流中直接抓住实质，确定沟通的重点。

8.5 施工阶段沟通管理的冲突管理

8.5.1 冲突概述

在所有的项目中都存在冲突，冲突是项目组织的必然产物。冲突就是两个或两个以上的项目决策者在某个问题上的纠纷。

对待冲突，不同的人有不同的观念。传统的观点认为，冲突是不好的，害怕冲突，力争避免冲突。现代的观点认为，冲突是不可避免的，只要存在需要决策的地方，就存在冲突。对待冲突本身并不可怕，可怕的是冲突处理方式的不当将会引发更大的矛盾，甚至可能造成混乱，影响或危及组织的发展。

（1）冲突的产生　冲突的产生有几个重要的来源，认清这几个重要因素，正确处理，可能在不影响项目计划之前化解冲突。

① 人力资源。由于项目团队中的成员来自不同的职能部门，关于用人问题，会产生冲突。当人员支配权在职能部门领导手中时，双方会在如何合理分配成员任务上产生矛盾。

② 成本费用。项目经理分配给各个职能部门的资金总被认为是不够的，因而在成本费用如何分配上产生冲突。

③ 技术冲突。在面向技术的项目中，在技术质量、技术性能要求、技术权衡以及实现性能的手段上都会发生冲突。

④ 管理程序。许多冲突来源于项目应如何管理，也就是项目经理的报告关系定义、责任定义、界面关系、项目工作范围、运行要求、实施的计划、与其他组织的协商工作。

⑤ 项目优先权。项目参加者经常对实现项目目标应该执行的工作活动和任务的次序关系有不同的看法。优先权冲突不仅仅发生在项目组织与其他职能部门之间，在项目组织内部也会发生。

⑥ 项目进度的冲突。围绕项目工作任务的时间次序安排和进度计划而产生的冲突。

⑦ 项目成员个性。对于不同的人，有不同的价值观、判断事物的标准等，因而常常在项目团队中存在"以自我为中心"的思想，造成了项目组织中的冲突。

（2）冲突的发展过程　冲突是一个能动的、互相影响的过程，其发展过程通常有一定的规律可循，一般包括潜伏、被认知、被感知、出现及结局五个阶段。

在第一阶段中，不存在公然的冲突，只是产生了冲突的条件，使冲突成为可能；第二阶段是冲突的被认知阶段，在这个阶段中，冲突各方开始注意到对冲突问题的争议；第三阶段冲突被感知，当一个或更多的当事人对存在的差异有情绪上的反应时，冲突就达到了被感知的阶段；第四阶段是冲突的出现，在这个阶段，冲突由认识上的发觉转化为行动，冲突的当事人选择对冲突进行处理；第五阶段形成了冲突的结局，通过分析冲突可能出现的结局可以为决策提供正确的信息。

（3）冲突的解决　解决冲突，可以采用协商、让步、缓和、强制和退出等方法。

协商是争论双方在一定程度上都能得到满意结果的方法。在这一方法中，冲突双方寻求一个调和的折中方案。但这种方法只适用于双方势均力敌的情况，并非永远可行。

让步是让冲突的双方其中的一方从冲突的状态中撤离出来，从而避免发生实质的或潜在的争端。有时这并不是一种有效的解决方式，例如在技术方案上产生不同意见时，争论对项目的顺利实施反倒有利。

缓和方式通常的做法是忽视差异，在冲突中找到一致的地方，即求同存异。这种方法认为组织团队之间的关系比解决问题更为重要。尽管这一方式能够避免某些矛盾，但是对于问题的彻底解决没有帮助。

强制的实质是指"非赢即输"，认为在冲突中获胜比保持人际关系更为重要。这是积极解决冲突的方式，但是应该看到这种方式解决的极端性。强制性地解决冲突对项目团队的积极性可能会有打击。

退出更是一种消极的解决冲突的方式，不但无助于解决冲突，对于引起冲突的问题的解决也没有实质性的帮助。

8.5.2 全过程工程咨询施工阶段沟通管理的冲突管理

全过程工程咨询服务机构应根据项目运行规律，结合项目施工相关方的工作性质和特点预测项目施工可能存在的冲突和不一致，确定冲突解决的工作方案，并在施工阶段沟通管理计划中予以体现。全过程工程咨询服务机构需针对预测冲突的类型和性质进行工作方案的调整和完善，确保冲突受控、防患于未然。

消除冲突和障碍可采取下列方法：选择适宜的沟通与协调途径；进行工作交底；有效利用第三方调解；创造条件使项目相关方充分地理解项目计划，明确项目目标和实施措施。

全过程工程咨询服务机构应对项目施工冲突管理工作进行记录、总结和评价。

第9章 全过程工程咨询施工阶段管理成果文件

全过程工程咨询施工阶段管理成果文件包括咨询规划、咨询实施细则、咨询日志、会议纪要、咨询月报、单位工程质量评估报告和咨询工作总结。

9.1 概述

全过程工程咨询服务机构应建立完善全过程工程咨询施工阶段管理成果文件资料管理制度，宜设专人管理全过程工程咨询施工阶段管理成果文件资料。全过程工程咨询施工阶段管理成果文件资料是全过程工程咨询施工阶段管理过程的真实反映，既是全过程工程咨询施工阶段管理工作成效的根本体现，也是工程质量、生产安全事故责任划分的重要依据，全过程工程咨询服务机构应做到"明确责任，专人负责"。

全过程工程咨询服务机构应及时、准确、完整地收集、整理、编制、传递全过程工程咨询施工阶段管理成果文件资料。全过程工程咨询服务机构人员应及时分类整理自己负责的文件资料，并移交由全过程工程咨询服务总负责人指定的专人进行管理，全过程工程咨询施工阶段管理成果文件资料应准确、完整。

全过程工程咨询服务机构宜采用信息技术进行全过程工程咨询施工阶段管理成果文件资料管理。同时，全过程工程咨询服务机构应加强监理单位的资料管理，对监理单位形成的有关资料进行归档。

9.2 咨询规划

9.2.1 咨询规划的概念

咨询规划是全过程工程咨询服务机构全面开展建设工程施工管理咨询工作的指导性文件。咨询规划应结合工程实际情况，明确全过程工程咨询服务机构施工阶段管理的工作目标，确定具体的施工阶段管理工作制度、内容、程序、方法和措施。咨询规划包括咨询实施规划和咨询配套规划。

咨询实施规划应对全过程工程咨询服务机构投标时的咨询大纲施工阶段管理内容进行细化。因此需依据咨询大纲施工阶段管理内容来编制咨询实施规划，而且需把咨询大纲施工阶段管理内容编写过程的决策意图体现在咨询实施规划中。咨询实施规划的制定需结合全过程工程咨询服务机构施工阶段管理任务目标分解和全过程工程咨询服务机构职能分工，分别组织专业管理、子项管理以及协同管理机制与措施的编写，为落实项目施工任务目标、处理交叉衔接关系和实现项目施工目标提供依据和指导。

咨询配套规划应是与咨询实施规划相关联的咨询规划编写过程。全过程工程咨询服务机构应将咨询配套规划作为咨询实施规划的支撑措施纳入咨询规划编写过程。咨询配套规划是除了咨询实施规划文件内容以外的所有咨询规划要求。咨询配套规划结果不一定形成文件，具体需依据国家、行业、地方法律法规要求和全过程工程咨询服务机构的有关规定执行。

9.2.2 咨询规划的作用

咨询规划是在全过程工程咨询服务机构详细调查和充分研究建设工程施工的目标、技术、管理、环境以及工程参建各方等情况后制定的指导建设工程施工管理咨询工作的实施方案，咨询规划应起到指导全过程工程咨询服务机构实施建设工程施工管理咨询工作的作用。因此，咨询规划中应有明确、具体、切合工程施工实际的施工管理咨询工作内容、程序、方法和措施，并制定完善的施工管理咨询工作制度。咨询规划作为全过程工程咨询服务机构施工阶段的技术文件，应经过全过程工程咨询服务机构单位技术负责人的审核批准，并在全过程工程咨询服务机构单位存档。

9.2.3 咨询规划的编写依据

咨询实施规划编制依据可包括下列内容：适用的法律、法规和标准；项目合同及相关要求；咨询大纲；项目设计文件；工程情况与特点；项目资源和条件；有价值的历史数据；项目团队的能力和水平。

咨询配套规划编制依据应包括下列内容：项目施工管理咨询制度，是指组织关于咨询配套规划的授权规定（如全过程工程咨询服务机构施工阶段管理岗位责任制中的相关授权）；咨询规划；施工实施过程需求；施工相关风险程度，是指在风险程度可以接受的情况下施工管理咨询的配套策划，如果规划风险超过了预期的程度，则需把该事项及时纳入咨询规划的补充或修订范围。

9.2.4 咨询规划的编制要求

（1）咨询规划可在签订全过程工程咨询服务合同及收到工程设计文件后由全过程工程咨询服务总负责人组织编制，一个施工管理咨询项目应编制一个咨询规划。咨询规划应在第一次工地会议召开之前完成，全过程工程咨询服务机构单位内部审核后报送建设单位。咨询规划应针对建设工程施工实际情况进行编制。此外，还应结合施工组织设计、施工图审查意见等文件资料进行编制。

（2）咨询规划编审应遵循下列程序：

① 全过程工程咨询服务总负责人组织全过程工程咨询服务专业负责人编制。

② 全过程工程咨询服务总负责人签字后由全过程工程咨询服务机构单位技术负责人审批。

（3）在实施建设工程施工管理咨询过程中，施工实际情况或条件发生变化而需要调整咨询规划时，应由全过程工程咨询服务总负责人组织全过程工程咨询服务专业负责人修改，并应经全过程工程咨询服务机构单位技术负责人批准后报建设单位。在施工管理咨询工作实施过程中，建设工程的施工实施可能会发生较大变化，如设计方案重大修改、施工方式发生变化、工期和质量要求发生重大变化，或者当原咨询规划所确定的程序、方法、措施和制度等需要做重大调整时，全过程工程咨询服务总负责人应及时组织全过程工程咨询服务专业负责人修改咨询规划，并按原报审程序审核批准后报建设单位。

（4）编制咨询实施规划应遵循下列步骤：了解参建相关方的要求；分析项目施工具体特点和环境条件；熟悉相关的法规和文件；实施编制活动；履行报批手续。咨询实施规划的制定、策划活动的开展方式需结合全过程工程咨询服务机构施工阶段管理任务目标分解和全过程工程咨询服务机构的职能分工，分别实施专业化管理策划、子项目管理策划以及交叉与协同管理策划。

（5）咨询实施规划文件应满足下列要求：咨询大纲施工阶段管理内容应得到全面深化和具体化；咨询实施规划范围应满足实现项目施工目标的实际需要；实施咨询规划的风险应处于可以接受的水平。咨询实施规划的文件内容需达到的三方面要求，这些要求需成为评价咨询实施规划编制质量的基本定性指标。

（6）全过程工程咨询服务机构应确保咨询配套规划过程满足施工管理咨询的需求，并应符合下列规定：界定咨询配套规划的范围、内容、职责和权利；规定咨询配套规划的授权、批准和监督范围；确定咨询配套规划的风险应对措施；总结评价咨询配套规划水平。这4个咨询配套规划的控制要求，重点是关注咨询实施规划以外的相关咨询规划及现场各类管理人员的"口头规划"（不需要书面文件和记录的规划）的控制要求，通过4项管理要求保证参建有关人员的规划缺陷可控，确保咨询配套规划风险控制措施的有效性。其中咨询规划的授权范围是十分重要的管理环节。

（7）全过程工程咨询服务机构应建立下列保证咨询配套规划有效性的基础工作：积累以往施工管理咨询经验；制定有关消耗定额；编制项目基础设施配置参数；建立工作说明书和实施操作标准；规定项目实施的专项条件；配置专用软件；建立项目信息数据库；进行全过程工程咨询服务机构团队建设。这8项内容是全过程工程咨询服务机构使咨询配套规划满足咨询规划需求的基础条件，并成为施工管理咨询制度的一部分。只有建立和保持这些基础工作，才能形成能够有效确保规划正确的文化氛围和管理惯例，从而保证咨询配套规划的有效性。

9.2.5 咨询规划的内容

咨询实施规划应包括下列内容：项目概况；项目施工总体工作安排；全过程工程咨询服务机构施工阶段组织方案；设计与技术措施；施工进度计划；施工质量计划；施工成本计划；施工安全生产计划；绿色建造与环境管理计划；施工资源需求与采购计划；施工信息管理计划；施工沟通管理计划；施工风险管理计划；项目施工收尾计划；项目施工现场平面布置图；项目施工目标控制计划；项目施工技术经济指标。

咨询配套规划应包括下列内容：确定咨询规划的编制人员、方法选择、时间安排，是咨询规划编制前的编写内容，不在咨询规划范围内，其结果不一定形成文件；安排咨询规划各项规定的具体落实途径，是咨询规划编制或修改完成后实施落实的规划，内容可能在咨询规划范围内，也可能在咨询规划范围之外，其结果不一定形成文件，这里既包括落实咨询规划文件需要的应形成书面文件的技术交底、专项措施等，也包括不需要形成文件的口头培训、沟通交流、施工现场焊接工人的操作动作策划等；明确可能影响咨询实施绩效的风险应对措施，是指不属于上述并且不涉及咨询规划（或相关内容没有在咨询规划中作出规定，或是相关深度不到位）的其他咨询规划结果，如可能需要的项目施工全过程的总结、评价计划，项目施工后勤人员的临时性安排、施工现场突发事件的临时性应急措施，针对施工现场作业人员临时需要的现场调整，与项目参建相关方（如社区居民）的临时沟通与纠纷处理等，这些往往是可能影响施工管理咨询实施绩效的风险情况，需要有关全过程工程咨询服务机构责任人员进行风险应对措施的策划。其规划结果不需要形成书面文件或者无法在实施前形成文件，但是其规划缺陷必须通过咨询规划的有效控制予以风险预防，这种现象和管理需求在工程项目施工现场普遍存在。制度建设是解决此类问题的基础，需要时，全过程工程咨询服务机构可依据自己的工作惯例和企业文化，通过团队建设进行管理。

以上内容，体现了咨询实施规划以外的咨询规划内容范围，是实施规划的两头延伸，覆盖所有相关的施工管理咨询过程。规划可能涉及以下内容：分解施工管理专业深度要求；补充施工管理实施的保证性措施；规定应对临时性、突发性情况的措施。

9.3 咨询实施细则

9.3.1 咨询实施细则的概念

咨询实施细则是针对某一专业或某一方面建设工程施工管理咨询工作的操作性文件。咨询实施细则应符合咨询规划的要求，并应具有可操作性。咨询实施细则是指导全过程工程咨询服务机构具体开展专项施工管理咨询工作的操作性文件，应体现全过程工程咨询服务机构对于建设工程在专业技术、目标控制方面的工作要点、方法和措施，做到详细、具体、明确。

9.3.2 咨询实施细则的内容

（1）专业工程特点。
（2）施工管理咨询工作流程。

（3）施工管理咨询工作要点。
（4）施工管理咨询工作方法及措施。

9.3.3 咨询实施细则的编写要求

（1）对专业性较强、危险性较大的分部分项工程，全过程工程咨询服务机构应编制咨询实施细则。全过程工程咨询服务机构应结合工程特点、施工环境、施工工艺等编制咨询实施细则，明确施工管理咨询工作要点、施工管理咨询工作流程和施工管理咨询工作方法及措施，达到规范和指导施工管理咨询工作的目的。

对工程规模较小、技术较简单且有成熟管理经验和措施的，可不必编制咨询实施细则。

（2）咨询实施细则应在相应工程施工开始前由全过程工程咨询服务专业负责人编制，并应报全过程工程咨询服务总负责人审批。

（3）咨询实施细则的编制应依据下列资料：咨询规划；工程建设标准、工程设计文件；施工组织设计、（专项）施工方案。咨询实施细则可根据建设工程实际情况及全过程工程咨询服务机构工作需要增加其他内容。

（4）在实施建设工程施工管理咨询过程中，咨询实施细则可根据实际情况进行补充、修改，并应经全过程工程咨询服务总负责人批准后实施。当工程发生变化导致原咨询实施细则所确定的工作流程、方法和措施需要调整时，全过程工程咨询服务专业负责人应对咨询实施细则进行补充、修改。

9.4 咨询日志、会议纪要和咨询月报

9.4.1 咨询日志

咨询日志是全过程工程咨询服务机构每日对建设工程施工管理咨询工作及施工进展情况所做的记录。咨询日志应包括下列主要内容：天气和施工环境情况；当日施工进展情况；当日施工管理咨询工作情况，包括对监理单位旁站、巡视、见证取样、平行检验检查等情况；当日存在的问题及处理情况；其他有关事项。

9.4.2 咨询会议纪要

全过程工程咨询服务机构应定期召开咨询例会，并组织有关单位研究解决与施工管理咨询相关的问题。全过程工程咨询服务机构可根据工程需要，主持或参加专题会议，解决施工管理咨询工作范围内工程专项问题。

咨询例会由全过程工程咨询服务总负责人或其授权的全过程工程咨询服务专业负责人主持。专题会议是由全过程工程咨询服务总负责人或其授权的全过程工程咨询服务专业负责人主持或参加的，为解决施工管理咨询过程中的工程专项问题而不定期召开的会议。专题会议纪要的内容包括会议主要议题、会议内容、与会单位、参加人员及召开时间等。

咨询例会应包括以下主要内容：检查上次例会议定事项的落实情况，分析未完事项原因；检查分析工程项目进度计划完成情况，提出下一阶段进度目标及其落实措施；检查分析工程项目质量、施工安全管理状况，针对存在的问题提出改进措施；检查工程量核定及工程款支

付情况；解决需要协调的有关事项；其他有关事宜。

咨询例会以及由全过程工程咨询服务机构主持召开的专题会议的会议纪要，应由全过程工程咨询服务机构负责整理，与会各方代表应会签。

9.4.3 咨询月报

咨询月报是全过程工程咨询服务机构每月向建设单位提交的建设工程施工管理咨询工作及建设工程实施情况等分析总结报告。

咨询月报应包括下列主要内容：本月工程施工实施情况；本月施工管理咨询工作情况；本月施工中存在的问题及处理情况；下月施工管理咨询工作重点。

咨询月报是全过程工程咨询项目部定期编制并向建设单位和全过程工程咨询公司提交的重要文件。

咨询月报应包括以下具体内容。

（1）本月工程实施情况

① 工程进展情况，实际进度与计划进度的比较，施工单位人、机、料进场及使用情况，本期在施部位的工程照片；监理单位有关工作的进展情况，包括旁站、巡视、见证取样、平行检验检查等情况。

② 工程质量情况，分项分部工程验收情况，工程材料、设备、构配件进场检验情况，主要施工试验情况，本月工程质量分析。

③ 施工单位安全生产管理工作评述。

④ 监理单位安全生产管理工作评述。

⑤ 已完工程量与已付工程款的统计及说明。

（2）本月施工管理咨询工作情况

① 工程进度控制方面的工作情况。

② 工程质量控制方面的工作情况。

③ 安全生产管理方面的工作情况。

④ 工程计量与工程款支付方面的工作情况。

⑤ 合同其他事项的管理工作情况。

⑥ 施工管理咨询工作统计及工作照片。

（3）本月施工中存在的问题及处理情况

① 工程进度控制方面的主要问题分析及处理情况。

② 工程质量控制方面的主要问题分析及处理情况。

③ 施工单位安全生产管理方面的主要问题分析及处理情况。

④ 工程计量与工程款支付方面的主要问题分析及处理情况。

⑤ 合同其他事项管理方面的主要问题分析及处理情况。

（4）下月施工管理咨询工作重点

① 在工程管理方面的施工管理咨询工作重点。

② 在项目施工管理咨询机构内部管理方面的工作重点。

9.5 单位工程质量评估报告

9.5.1 单位工程质量评估报告的概念

"工程质量评估报告"是指全过程工程咨询服务机构提交给建设单位的,以说明工程项目已完成设计文件和施工合同的全部内容,工程质量符合国家工程施工质量验收规范、标准,具备竣工验收及备案条件的文件。

9.5.2 单位工程质量评估报告的编写要求

"工程质量评估报告"应包括以下内容。

（1）工程建设基本情况

① 工程概况：应注明工程所在地理位置、结构形式、层数、建筑面积、抗震设防烈度、防火等级、开竣工日期、工程合同造价、主要建筑装饰做法、安装工程主要内容,完成施工合同内容情况。

② 责任主体单位名称：应注明建设、勘察、设计、施工管理咨询、施工单位、图审机构、检测机构（包括主要分包单位）的全称。

③ 施工管理咨询部概况：应注明项目施工管理咨询部的组织形式和规模,施工管理咨询部人员组成及分工情况、主要检测设备和工具。

（2）施工管理咨询过程中的质量控制情况

① 施工管理咨询规划和实施细则：对施工管理咨询规划中的施工管理咨询目标、范围及措施进行概述,明确施工管理咨询细则中关键部位的质量控制点的实施情况。

② 施工管理咨询方式：应注明在施工管理咨询过程中所使用的主要检测设备和工具,采取咨询方式等情况。

③ 施工工程阶段的施工管理咨询：应注明对进场原材料复试的见证取样,隐蔽工程验收、分部分项工程验收、施工组织设计、专项施工方案审核和质量缺陷的整改等情况。

④ 竣工验收阶段的施工管理咨询：应注明施工管理咨询人员对竣工资料进行审查情况,对工程质量进行竣工验收情况,对存在的问题进行整改落实情况。

（3）工程质量评估

① 评估依据：应依据国家现行规范、规程（注明主要规范、规程名称）,设计文件、施工合同、工程地质勘察报告、地基检测报告和沉降观测记录等文件进行评估。

② 竣工资料核查情况：应根据有关规范核查竣工资料是否完整、真实、准确,竣工图与实体是否一致,并附"单位工程质量控制资料核查记录表""单位工程安全和功能检测资料核查及主要功能抽查记录表""单位工程观感质量检查记录表"。

③ 分部工程质量情况：应对各个分部工程质量情况分别概述,必须注明主要分项工程实测合格点率,填写分部工程质量验收汇总表。

④ 沉降观测情况及结论：注明沉降观测单位及竣工前阶段沉降观测结论。

⑤ 单位工程质量验评结论。

⑥ 注明该工程是否有甩项未完项目,对遗留问题的处理情况,对工程建设有何建议。

（4）全过程工程咨询服务机构咨询人员签名表

9.6 咨询工作总结

9.6.1 咨询工作总结报告的概念

在施工管理结束，全过程工程咨询服务机构应进行咨询工作总结，编写咨询工作总结报告，纳入咨询档案。

9.6.2 咨询工作总结报告的编制要求

（1）咨询工作总结依据宜包括下列内容：项目可行性研究报告；咨询规划；施工管理咨询目标；项目设计文件；项目合同资料；项目的有关管理标准。

（2）咨询工作总结报告应包括下列内容：咨询规划总结；项目合同管理总结；项目施工管理总结；施工管理咨询目标执行情况；施工管理咨询经验与教训；施工管理咨询绩效与创新评价。

（3）咨询工作总结完成后，全过程工程咨询服务机构应进行下列工作：在适当的范围内发布项目咨询总结报告；兑现在施工管理咨询目标责任书中的承诺；根据岗位责任制和部门责任制对全过程工程咨询服务机构内的相关部门进行奖罚。

9.7 全过程工程咨询施工阶段管理成果文件归档

全过程工程咨询服务机构应及时整理、分类汇总全过程工程咨询施工阶段管理成果文件资料，并应按规定组卷，形成全过程工程咨询施工阶段管理档案。全过程工程咨询服务机构应按合同约定向建设单位移交全过程工程咨询施工阶段管理档案。

全过程工程咨询服务机构应根据工程特点和有关规定，保存全过程工程咨询施工阶段管理档案，并应向有关单位、部门移交需要存档的全过程工程咨询施工阶段管理成果文件资料。

全过程工程咨询施工阶段管理成果文件资料的组卷及归档应符合相关规定。全过程工程咨询服务机构自行保存的全过程工程咨询施工阶段管理档案保存期可分为永久、长期、短期三种。

第10章 全过程工程咨询施工阶段新技术应用

10.1 绿色建造技术

10.1.1 绿色建造概念

绿色建造的内涵是指在建设工程项目寿命期内,对勘察、设计、采购、施工、试运行过程的环境因素、环境影响进行统筹管理和集成控制的过程。

(1) 全过程工程咨询服务机构应通过项目管理策划确定绿色建造计划并经批准后实施。编制绿色建造计划的依据应符合下列规定:项目环境条件和相关法律法规要求;项目管理范围和项目工作分解结构;项目管理策划的绿色建造要求。绿色建造计划的确定需由建设单位、施工单位、设计单位等共同协调实施。其中设计单位需负责绿色建筑项目设计工作,同时负责绿色施工的相关施工图设计。

(2) 绿色建造计划应包括下列内容:绿色建造范围和管理职责分工;绿色建造目标和控制指标;重要环境因素控制计划及响应方案;节能减排及污染物控制的主要技术措施;绿色建造所需的资源和费用。

绿色建造计划应集成设计、施工、采购、试运行等过程的一体化环境管理要求;环境管理计划是施工过程的环境管理要求。绿色建造计划可以按照项目全过程一体化编制,也可以按照设计、施工、采购、试运行过程分别进行专项编制,如绿色建筑设计计划、绿色施工计划等,但应考虑设计、施工一体化的绿色建造要求。环境管理计划一般在施工阶段由施工单位编制。

（3）全过程工程咨询服务机构应对施工图进行深化设计或优化，采用绿色施工技术，制定绿色施工措施，提高绿色施工效果。

（4）全过程工程咨询服务机构应实施下列绿色施工活动：选用符合绿色建造要求的绿色技术、建材和机具，实施节能降耗措施；进行节约土地的施工平面布置；确定节约水资源的施工方法；确定降低材料消耗的施工措施；确定施工现场固体废物的回收利用和处置措施；确保施工产生的粉尘、污水、废气、噪声、光污染的控制效果。

（5）全过程工程咨询服务机构应协调设计与施工单位，落实绿色设计或绿色施工的相关标准和规定，对绿色建造实施情况进行检查，进行绿色建造设计或绿色施工评价。相关绿色标准和要求可包括：绿色施工的国家标准——《建筑工程绿色施工评价标准》（GB/T 50640—2010）；绿色建筑的国家标准——《绿色建筑评价标准》（GB/T 50378—2019）。

10.1.2 绿色建造技术

（1）封闭降水及水收集综合利用技术

① 基坑封闭降水技术。基坑封闭降水是指在坑底和基坑侧壁采用截水措施，在基坑周边形成止水帷幕，阻截基坑侧壁及基坑底面的地下水流入基坑，在基坑降水过程中对基坑以外地下水位不产生影响的降水方法。基坑施工时应按需降水或隔离水源。

在我国沿海地区宜采用"地下连续墙或护坡桩+搅拌桩止水帷幕"的地下水封闭措施；内陆地区宜采用"护坡桩+旋喷桩止水帷幕"的地下水封闭措施；河流阶地地区宜采用双排或三排搅拌桩对基坑进行封闭，同时兼做支护的地下水封闭措施。

② 施工现场水收集综合利用技术。

a. 基坑施工降水回收利用技术，一般包含两种技术：一是利用自渗效果将上层滞水引渗至下层潜水层中，可使部分水资源重新回灌至地下的回收利用技术；二是将降水所抽水体集中存放，施工时再利用。

b. 雨水回收利用技术是指在施工现场将雨水收集后，经过雨水渗蓄、沉淀等处理，集中存放再利用。回收水可直接用于冲刷厕所、施工现场洗车及现场洒水控制扬尘。

c. 现场生产和生活废水利用技术是指将施工生产和生活废水经过过滤、沉淀或净化等处理达标后再利用。经过处理或水质达到要求的水体可作为绿化、结构养护用水以及混凝土试块养护用水等。

（2）建筑垃圾减量化与资源化利用技术 建筑垃圾指在新建、扩建、改建和拆除加固各类建筑物、构筑物、管网以及装饰装修等过程中产生的施工废弃物。

建筑垃圾减量化是指在施工过程中采用绿色施工新技术、精细化施工和标准化施工等措施，减少建筑垃圾排放；建筑垃圾资源化利用是指建筑垃圾就近处置、回收直接利用或加工处理后再利用。建筑垃圾减量化与建筑垃圾资源化利用主要措施为：实施建筑垃圾分类收集、分类堆放；碎石类、粉类的建筑垃圾进行级配后用作基坑肥槽、路基的回填材料；采用移动式快速加工机械，将废旧砖瓦、废旧混凝土就地分拣、粉碎、分级，变为可再生骨料。

可回收的建筑垃圾主要有散落的砂浆和混凝土、剔凿产生的砖石和混凝土碎块、打桩截下的钢筋混凝土桩头、砌块碎块、废旧木材、钢筋余料、塑料等。

建筑垃圾减量化与资源化利用的主要技术有：

① 对钢筋采用优化下料技术，提高钢筋利用率；对钢筋余料采用再利用技术，如将钢筋

余料用于加工马凳筋、预埋件与安全围栏等。

② 对模板的使用应进行优化拼接，减少裁剪量；对木模板通过合理的设计和加工制作提高重复使用率的技术；对短木方采用指接接长技术，提高木方利用率。

③ 对混凝土浇筑施工中的混凝土余料做好回收利用，用于制作小过梁、混凝土砖等。

④ 对二次结构的加气混凝土砌块隔墙施工中，做好加气块的排块设计，在加工车间进行机械切割，减少工地加气混凝土砌块的废料。

⑤ 废塑料、废木材、钢筋头与废混凝土的机械分拣技术；利用废旧砖瓦、废旧混凝土为原料的再生骨料就地加工与分级技术。

⑥ 现场直接利用再生骨料和微细粉料作为骨料和填充料，生产混凝土砌块、混凝土砖、透水砖等制品的技术。

⑦ 利用再生细骨料制备砂浆及其使用的综合技术。

（3）施工现场太阳能、空气能利用技术

① 施工现场太阳能光伏发电照明技术。施工现场太阳能光伏发电照明技术是利用太阳能电池组件将太阳光能直接转化为电能储存并用于施工现场照明系统的技术。发电系统主要由光伏组件、控制器、蓄电池（组）和逆变器（当照明负载为直流电时不使用）及照明负载等组成。其适用于施工现场临时照明，如路灯、加工棚照明、办公区廊灯、食堂照明、卫生间照明等。

② 太阳能热水应用技术。太阳能热水应用技术是利用太阳光将水温加热的装置。太阳能热水器分为真空管式和平板式，真空管式太阳能热水器占据国内95%的市场份额，它由集热部件（真空管式为真空集热管，平板式为平板集热器）、保温水箱、支架、连接管道、控制部件等组成。

③ 空气能热水技术。空气能热水技术是运用热泵工作原理，吸收空气中的低能热量，经过中间介质的热交换，并压缩成高温气体，通过管道循环系统对水加热的技术。空气能热水器是采用制冷原理从空气中吸收热量来加热水的"热量搬运"装置，把一种沸点为零下十几摄氏度的制冷剂通到交换机中，制冷剂通过蒸发由液态变成气态从空气中吸收热量。再经过压缩机加压做功，制冷剂的温度就能骤升至80～120℃。具有高效节能的特点，较常规电热水器的热效率高达380%～600%，制造相同的热水量，比电辅助太阳能热水器利用能效高，耗电只有电热水器的1/4。

（4）施工扬尘控制技术

① 自动喷淋降尘系统由蓄水系统、自动控制系统、语音报警系统、变频水泵、主管、三通阀、支管、微雾喷头连接而成，主要安装在临时施工道路、脚手架上。

② 塔吊自动喷淋降尘系统是指在塔吊安装完成后，通过塔吊旋转臂安装的喷水设施，用于塔臂覆盖范围内的降尘、混凝土养护等。喷淋系统由加压泵、塔吊、喷淋主管、万向旋转接头、喷淋头、卡扣、扬尘监测设备、视频监控设备等组成。

③ 雾炮降尘系统主要有电机、高压风机、水平旋转装置、仰角控制装置、导流筒、雾化喷嘴、高压泵、储水箱等装置，其特点为风力强劲、射程高（远）、穿透性好，可以实现精量喷雾，雾粒细小，能快速将尘埃抑制降沉，工作效率高、速度快、覆盖面积大。

④ 施工现场车辆自动冲洗系统由供水系统、循环用水处理系统、冲洗系统、承重系统、自动控制系统组成。采用红外、位置传感器启动自动清洗及运行指示的智能化控制技术。水

池采用四级沉淀、分离来处理水质，确保水循环使用；清洗系统由冲洗槽、两侧挡板、高压喷嘴装置、控制装置和沉淀循环水池组成；喷嘴沿多个方向布置，无死角。

（5）施工噪声控制技术

① 隔声屏是通过遮挡和吸声减少噪声的排放。隔声屏主要由基础、立柱和隔音屏板几部分组成。基础可以单独设计，也可在道路设计时一并设计在道路附属设施上；立柱可以通过预埋螺栓、植筋与焊接等方法，将立柱上的底法兰与基础连接牢靠，隔音屏板可以通过专用高强度弹簧与螺栓及角钢等将其固定于立柱槽口内，形成声屏障。隔声屏可模块化生产、装配式施工，选择多种色彩和造型进行组合、搭配与周围环境协调。

② 隔声罩是把噪声较大的机械设备（搅拌机、混凝土输送泵、电锯等）封闭起来，有效地阻隔噪声的外传。隔声罩外壳由一层不透气的具有一定重量和刚度的金属材料制成，一般用 2～3 mm 厚的钢板，铺上一层阻尼层，阻尼层常用沥青阻尼胶浸透的纤维织物或纤维材料，外壳也可以用木板或塑料板制作，轻型隔声结构可用铝板制作。要求高的隔声罩可做成双层壳，内层较外层薄一些；两层的间距一般是 6～10 mm，填以多孔吸声材料。罩的内侧附加吸声材料，以吸收声音并减弱空腔内的噪声。要减少罩内混响声和防止固体声的传递；尽可能减少在罩壁上开孔，对于必须开孔的，开口面积应尽量小；罩壁的构件相接处的缝隙，要采取密封措施，以减少漏声；由于罩内声源机器设备的散热，可能导致罩内温度升高，对此应采取适当的通风散热措施。要考虑声源机器设备操作、维修方便的要求。

③ 应设置封闭的木工用房，以有效降低电锯加工时噪声对施工现场的影响。

④ 施工现场应优先选用低噪声机械设备，优先选用能够减少或避免噪声的先进施工工艺。

（6）绿色施工在线监测及量化评价技术 绿色施工在线监测及量化评价技术是根据绿色施工评价标准，通过在施工现场安装智能仪表并借助 GPRS 通信和计算机软件技术，随时随地以数字化的方式对施工现场能耗、水耗、施工噪声、施工扬尘、大型施工设备安全运行状况等各项绿色施工指标数据进行实时监测、记录、统计、分析、评价和预警的监测系统和评价体系。

监测及量化评价系统构成以传感器为监测基础，以无线数据传输技术为通信手段，包括现场监测子系统、数据中心和数据分析处理子系统。现场监测子系统由分布在各个监测点的智能传感器和 HCC 可编程通信处理器组成监测节点，利用无线通信方式进行数据的转发和传输，实时监测施工用电、用水、施工产生的噪声和粉尘、风速风向等数据。数据中心负责接收数据和初步地处理、存储数据，数据分析处理子系统则将初步处理的数据进行量化评价和预警，并依据授权发布处理数据。

（7）工具式定型化临时设施技术

① 标准化箱式施工现场用房包括办公室用房、会议室、接待室、资料室、活动室、阅读室、卫生间。标准化箱式附属用房，包括食堂、门卫房、设备房、试验用房。应按照标准尺寸和符合要求的材质制作和使用。

② 定型化临边洞口防护、加工棚。定型化、可周转的基坑，楼层临边防护，水平洞口防护，可选用网片式、格栅式或组装式。

当水平洞口短边尺寸大于 1500 mm 时，洞口四周应搭设不低于 1200 mm 防护，下口设置踢脚线并张挂水平安全网，防护方式可选用网片式、格栅式或组装式，防护距离洞口边不小于 200 mm。

楼梯扶手栏杆采用工具式短钢管接头，立杆采用膨胀螺栓与结构固定，内插钢管栏杆，使用结束后可拆卸周转重复使用。

可周转、定型化加工棚基础尺寸采用C30混凝土浇筑，预埋400 mm×400 mm×12 mm钢板，钢板下部焊接直径20 mm钢筋，并塞焊8个M18螺栓固定立柱。立柱采用200 mm×200 mm型钢，立杆上部焊接500 mm×200 mm×10 mm的钢板，以M12的螺栓连接桁架主梁，下部焊接400 mm×400 mm×10 mm钢板。斜撑为100 mm×50 mm方钢，斜撑的两端焊接150 mm×200 mm×10 mm的钢板，以M12的螺栓连接桁架主梁和立柱。

③ 构件化PVC绿色围墙。基础采用现浇混凝土，支架采用轻型薄壁钢型材，墙体采用工厂化生产的PVC扣板，现场采用装配式施工方法。

④ 预制装配式马道。立杆采用$\phi 159$ mm×5.0 mm钢管，立杆连接采用法兰连接，立杆预埋件采用同型号带法兰钢管，锚固入筏板混凝土深度500 mm，外露长度500 mm。立杆除埋入筏板的埋件部分，上层区域杆件在马道整体拆除时均可回收。马道楼梯梯段侧向主龙骨采用16a号热轧槽钢，梯段长度根据地下室楼层高度确定，每主体结构层高度内两跑楼梯，并保证楼板所在平面的休息平台高于楼板200 mm。踏步、休息平台、安全通道顶棚覆盖采用3 mm花纹钢板，踏步宽250 mm、高200 mm，楼梯扶手立杆采用30 mm×30 mm×3 mm方钢管（与梯段主龙骨螺栓连接），扶手采用50 mm×50 mm×3 mm方钢管，扶手高度1200 mm，梯段与休息平台固定采用螺栓连接，梯段与休息平台随主体结构完成逐步拆除。

⑤ 装配式临时道路。装配式临时道路可采用预制混凝土道路板、装配式钢板、新型材料等，具有施工操作简单，占用场地少，便于拆装、移位，可重复利用，能降低施工成本，减少能源消耗和废弃物排放等优点。应根据临时道路的承载力和使用面积等因素确定尺寸。

（8）垃圾管道垂直运输技术　垃圾管道垂直运输技术是指在建筑物内部或外墙外部设置封闭的大直径管道，将楼层内的建筑垃圾沿着管道靠重力自由下落，通过减速门对垃圾进行减速，最后落入专用垃圾箱内进行处理。

垃圾运输管道主要由楼层垃圾入口、主管道、减速门、垃圾出口、专用垃圾箱、管道与结构连接件等主要构件组成，可以将该管道直接固定到施工建筑的梁、柱、墙体等主要构件上，安装灵活，可多次周转使用。

主管道采用圆筒式标准管道层，管道直径控制在500～1000 mm范围内，每个标准管道层分上下两层，每层1.8 m，管道高度可在1.8～3.6 m之间进行调节，标准层上下两层之间用螺栓进行连接；楼层入口可根据管道距离楼层的距离设置转动的挡板；管道入口内设置一个可以自由转动的挡板，防止粉尘在各层入口处飞出。

管道与墙体连接件设置半圆轨道，能在180°平面内自由调节，使管道上升后，连接件仍能与梁柱等构件相连；减速门采用弹簧板，上覆橡胶垫，根据自锁原理设置弹簧板的初始角度为45°，每隔三层设置一处，来降低垃圾下落速度；管道出口处设置一个带弹簧的挡板；垃圾管道出口处设置专用集装箱式垃圾箱进行垃圾回收，并设置防尘隔离棚。垃圾运输管道楼层垃圾入口、垃圾出口及专用垃圾箱设置自动喷洒降尘系统。

建筑碎料（凿除、抹灰等产生的旧混凝土、砂浆等矿物材料及施工垃圾）单件粒径尺寸不宜超过100 mm，质量不宜超过2 kg；木材、纸质、金属和其他塑料包装废料严禁通过垃圾垂直运输通道运输。

（9）透水混凝土与植生混凝土应用技术

① 透水混凝土。透水混凝土是由一系列相连通的孔隙和混凝土实体部分骨架构成的具有透气和透水性的多孔混凝土，透水混凝土主要由胶结材和粗骨料构成，有时会加入少量的细骨料。从内部结构来看，主要靠包裹在粗骨料表面的胶结材浆体将骨料颗粒胶结在一起，形成骨料颗粒之间为点接触的多孔结构。

透水混凝土由于不用细骨料或只用少量细骨料，其粗骨料用量比较大，制备 1 m³ 透水混凝土（成型后的体积），粗骨料用量在 0.93～0.97 m³；胶结材在 300～400 kg/m³，水胶比一般在 0.25～0.35。透水混凝土搅拌时应先加入部分拌和水（约占拌和水总量的 50%），搅拌约 30 s 后加入减水剂等，再随着搅拌加入剩余水量，至拌和物工作性满足要求为止，最后的部分水量可根据拌和物的工作性情况有所控制。透水混凝土路面的铺装施工整平使用液压振动整平辊和抹光机等，对不同的拌和物和工程铺装要求，应该选择适当的振动整平方式并且施加合适的振动能，过振会降低孔隙率，施加振动能不足，可能导致颗粒黏结不牢固而影响耐久性。

② 植生混凝土。植生混凝土是以水泥为胶结材，大粒径的石子为骨料制备的能使植物根系生长于其孔隙的大孔混凝土，它与透水混凝土有相同的制备原理，但由于骨料的粒径更大，胶结材用量较少，所以形成孔隙率和孔径更大，便于灌入植物种子和肥料以及植物根系的生长。

普通植生混凝土用的骨料粒径一般为 20.0～31.5 mm，水泥用量为 200～300 kg/m³，为了降低混凝土孔隙的碱度，应掺用粉煤灰、硅灰等低碱性矿物掺和料；骨料与胶结材比为 4.5～5.5，水胶比为 0.24～0.32，旧砖瓦和再生混凝土骨料均可作为植生混凝土骨料，称为再生骨料植生混凝土。轻质植生混凝土利用陶粒作为骨料，可以用于植生屋面。在夏季，植生混凝土屋面较非植生混凝土的室内温度低约 2℃。

植生混凝土的制备工艺与透水混凝土基本相同，但注意的是浆体黏度要合适，保证将骨料均匀包裹，不发生流浆、离析或因干硬不能充分黏结的问题。

植生地坪的植生混凝土可以在现场直接铺设浇筑施工，也可以预制成多孔砌块后到现场用铺砌方法施工。

（10）混凝土楼地面一次成型技术　楼面一次成型工艺是在混凝土浇筑完成后，用 ϕ150 mm 钢管压滚压平提浆，刮杠调整平整度，或采用激光自动整平、机械提浆方法，在混凝土地面初凝前铺撒耐磨混合料（如精钢砂、钢纤维等），利用磨光机磨平，最后进行修饰工序。楼面一次成型施工工艺与传统施工工艺相比具有避免地面空鼓、起砂、开裂等质量通病，具有增加楼层净空尺寸、提高地面的耐磨性和缩短工期等优势，同时省却了传统楼面施工中的找平层，节省建材、降低成本效果显著。

（11）建筑物墙体免抹灰技术　建筑物墙体免抹灰技术是指通过采用新型模板体系、新型墙体材料或采用预制墙体，使墙体表面允许偏差、观感质量达到免抹灰或直接装修的质量水平。现浇混凝土墙体、砌筑墙体及装配式墙体通过现浇、新型砌筑、整体装配等方式使外观质量及平整度达到准清水混凝土墙、新型砌筑免抹灰墙、装饰墙的效果。

现浇混凝土墙体是通过材料配制、细部设计、模板选择及安拆，混凝土拌制、浇筑、养护、成品保护等诸多技术措施，使现浇混凝土墙达到准清水免抹灰效果。

对非承重的围护墙体和内隔墙可采用免抹灰的新型砌筑技术，采用粘接砂浆砌筑，砌块尺寸偏差控制为 1.5～2 mm，砌筑灰缝为 2～3 mm。内隔墙也可采用高质量预制板材，现场装配式施工，刮腻子找平。

10.2 装配式建筑咨询管理

10.2.1 装配式建筑发展概况

装配式建筑是指将以标准化设计、工厂化预制生产的建筑部分或全部构件，在施工现场通过可靠的连接方式加以装配而建成的建筑，主要包括装配式建筑、钢结构和木结构。装配式建筑是建造方式的一种革新，其通过工业化制造的加入，对建筑设计、构件生产以及信息化管理等产业链进行整合，能够有效弥补传统建造方式存在的环境污染，以及安全、质量、管理等方面的缺陷，是实现建筑工业化、促进建筑行业转型升级的重要途径。

装配式建筑规划自 2015 年以来陆续出台，2015 年发布的《工业化建筑评价标准》，决定 2016 年全国全面推广装配式建筑，并取得突破性进展；2015 年 11 月 14 日住房和城乡建设部（以下简称住建部）出台《建筑产业现代化发展纲要》计划到 2020 年装配式建筑占新建建筑的比例达 20% 以上，到 2025 年装配式建筑占新建筑的比例达 50% 以上；2016 年 2 月 22 日国务院出台《关于大力发展装配式建筑的指导意见》要求要因地制宜发展装配式建筑、钢结构和现代木结构等装配式建筑，力争用 10 年左右的时间，使装配式建筑占新建建筑面积的比例达到 30%；2016 年 3 月 5 日政府工作报告提出要大力发展钢结构和装配式建筑，提高建筑工程标准和质量；2016 年 7 月 5 日住建部出台《住房城乡建设部 2016 年科学技术项目计划——装配式建筑科技示范项目》并公布了 2016 年科学技术项目计划——装配式建筑科技示范项目名单；2016 年 9 月 14 日国务院召开国务院常务会议，提出要大力发展装配式建筑，推动产业结构调整升级；2016 年 9 月 27 日国务院办公厅印发《关于大力发展装配式建筑的指导意见》，对大力发展装配式建筑和钢结构重点区域、未来装配式建筑占比目标，重点发展城市进行了明确。装配式建筑具有如下特点：

① 大量的建筑部品由车间生产加工完成，构件种类主要有：外墙板、内墙板、叠合板、阳台、空调板、楼梯、预制梁、预制柱等。

② 节省人力，降低劳动强度，改善作业条件，现场大量的装配作业，比原始现浇作业人力大大减少。

③ 采用建筑、装修一体化设计、施工，理想状态是装修可随主体施工同步进行，节省工期。

④ 设计的标准化和管理的信息化，构件越标准，生产效率越高，相应的构件成本就会下降，配合工厂的数字化管理，整个装配式建筑的性价比会越来越高。

⑤ 符合绿色建筑的要求，节能环保。

10.2.2 装配式建筑与绿色建筑的关系

绿色建筑是指在全寿命期内，最大限度地节约资源（节能、节地、节水、节材）、保护环境、减少污染，为人们提供健康、适用和高效的使用空间，与自然和谐共生的建筑。

装配式建筑具有节能、节水、节材的显著特点，但不能直接节约用地。装配式建筑能大幅度减少建筑垃圾，保护环境。在《装配式住宅建筑设计标准》中，特别指出装配式建筑的基本原则，强调可持续发展的绿色建筑全寿命期基本理念。而装配式建筑是绿色建筑的典型代表。

10.2.3 装配式建筑缺点与我国推进装配式建筑难点

（1）装配式建筑的缺点　装配式建筑是建筑工业化的趋势，但它既不是万能的，也不是完美的，存在一些不足。

① 与个性化的冲突。严格意义上讲，就某一个建筑而言，装配式建筑与建筑艺术性是不冲突的。但是成规模的应用，就存在一定冲突。装配式建筑须建立在规格化、模数化和标准化的基础上，对于个性化突出且重复元素少的建筑不大适应。建筑是讲究艺术的，没有个性就没有艺术。装配式建筑在实现建筑个性化方面有些难度，或者说不划算。

发达国家的装配式建筑（特别是混凝土装配式建筑）大都是从政府投资的保障房起步的，保障房没有太多的艺术讲究。当然，装配式建筑不等于去艺术化，只是需要花费更大的功夫和更多的智慧来实现艺术化。

② 与复杂化的冲突。装配式建筑比较适合于简单简洁的建筑立面，对于里出外进较多的建筑，实现起来有些困难。

③ 对建设规模和建筑体量有一定的要求。装配式建筑必须有一定的建设规模才能发展起来，生存下去。一座城市或一个地区建设规模过小、工厂吃不饱、厂房设备推销成本过高，就很难维持运营。数量少的小体量建筑不适合采用装配式。

④ 部品部件企业投资较大。以混凝土预制件（PC）工厂为例：

从事 PC 的工厂和施工企业投资较大。如果不能形成经营规模，有较大的风险。以年产 5 万立方米构件的 PC 工厂为例，购置土地、建设厂房、购买设备设施需要投资几千万元甚至上亿元。

从事 PC 安装的施工企业需要购置大吨位长吊臂塔式起重机，一台要数百万元，同时开几个工地，仅塔式起重机一项就要投资上千万元。

（2）我国装配式建筑实施中的难点

① 粗放的建筑、传统的障碍。在发达国家，现浇混凝土建筑也比较精细，所以装配式建筑所要求的精细并不是额外要求，不会额外增加成本，工厂化制作反而会降低成本。但国内传统建筑比较粗放，具体体现如下：

a. 设计不细，发现问题就出联系单更改。但预制构件一旦有问题往往到安装时才能被发现，那时已经无法更改了，会造成很大的损失，也会影响工期。

b. 各专业设计"撞车""打架"，以往可在施工现场协调。但装配式建筑几乎没有现场协调的机会，所有"撞车"必须在设计阶段解决，这就要求设计必须细致、深入协同。

c. 电源线、通信线等管线、开关、箱槽埋设在混凝土中。发达国家没有这样做的，预制构件更不能埋设管线、箱槽，只能埋设避雷引线。如果不在混凝土中埋设管线，就需要像国外建筑那样，天棚吊顶，地面架空，增加层高。如此，会增加成本。

d. 习惯用螺栓后锚固办法。而预制构件不主张采用后锚固法，避免在构件上打眼，所有预埋件都在构件制作时埋入。如此，需要建筑、结构、装饰、水暖电气各个专业协同设计，需考虑到所有细节，将预埋件详细标注在预制构件制作图上。

e.传统现浇建筑误差较大,实际误差以厘米计。而装配式建筑的误差以毫米计,连接套筒、伸出钢筋的位置误差必须控制在 2 mm 以内。

f.许多住宅交付毛坯房,有的房主自行装修时会砸墙凿洞。这在装配式建筑上是绝对不允许的,一旦砸到结构连接部位,就可能酿成重大事故。

g.装配式建筑从设计到构件制作到施工安装到交付后装修,都不能粗放和随意,必须精细,必须事先做好。但精细化会导致成本的提高。

② 剪力墙结构装配式技术有待成熟。国外剪力墙结构装配式建筑很少,高层建筑可供借鉴的经验几乎没有。我国的高层剪力墙结构装配式建筑是近几年发展起来的,技术还有待于成熟。我国现行关于剪力墙装配式结构的行业标准,出于十分必要的谨慎,设定了一些混凝土现浇区域和节点。由于较多的现浇与预制并举,工序没有减少,反而增加了,成本也提高了,工期也没有优势。

行业标准《装配式混凝土结构技术规程》规定剪力墙结构装配式建筑最大适用高度也比现浇混凝土剪力墙建筑低 10～20 m,这影响了剪力墙结构装配式建筑的适用范围。

提高或确认剪力墙结构连接节点的可靠性和便利性,使剪力墙结构装配式建筑与现浇结构建筑真正达到或接近等同,是必须解决的重要技术问题。

③ 外墙外保温问题。国外装配式建筑较多采用外墙内保温。中国较多采用外墙外保温,采用夹心保温方式。如此增加了外墙墙体的重量与成本,也增加了建筑面积的无效比例。

④ 吊顶架空问题。国外住宅大都是天棚吊顶、地面架空、轻体隔墙、同层排水。不需要在楼板和墙体混凝土中埋设管线,维修和更换老化的管线不会影响到结构。我国住宅把电源线、通信线和开关箱体埋置在混凝土中的做法是不够合理的做法,改变这些做法需要吊顶、架空,但这不是设计者所能决定的。

在没有吊顶的情况下,天棚叠合板表面直接刮腻子刷涂料。如果叠合板接缝处有细微裂缝,虽然不是结构质量问题,用户却会很难接受。避免叠合楼板接缝处出现可视裂缝是需要解决的问题。

⑤ 成本问题。目前,我国装配式建筑的成本高于现浇混凝土结构,许多建设单位不愿接受。

本来,欧洲人是为了降低成本才研究装配式的。国外半个多世纪装配式建筑的进程也不存在建筑成本高的问题,成本高了也不可能作为保障房使用。可我国的现实是,装配式建筑成本确实高一些。

初步分析有如下几方面原因:

a.因提高建筑安全性和质量而增加的成本被算在了装配式建筑的账上。

b.剪力墙结构体系装配式建筑成本高。我国住宅建筑特别是高层住宅较多采用剪力墙结构体系,这种结构体系混凝土用量大,钢筋细、多,结构连接点多,与国外装配式建筑常用的柱、梁结构体系比较,成本会高一些。

c.技术上的审慎削弱了装配式建筑的成本优势。我国目前处于装配式建筑高速发展期,而我国住宅建筑主要的结构体系是剪力墙结构,国外没有现成的装配式经验,国内研究与实践也不多,所以,技术上的审慎非常必要。但这种审慎会削弱装配式建筑的成本优势。

d.推行装配式建筑初期的高成本阶段。装配式建筑初期工厂未形成规模化、均衡化生产;专用材料和配件因稀缺而价格高;设计、制作和安装环节人才匮乏也会导致错误、浪费和低效,这些因素都会增加成本。

e. 没有形成专业化分工。装配式建筑构件企业或大而全或小而全,没有形成专业分工和专业优势。

f. 装配式建筑企业大而不当的投资。我国企业普遍存在"高大上"心态,工厂建设追求大而不当的规模、能力和现阶段不实用的自动化生产线,由此导致固定成本很高。

g. 劳动力成本因素。发达国家劳动力成本非常高,装配式建筑节省劳动力,由此会大幅度降低总成本,结构连接点增加的成本会被劳动力节省的成本抵消。所以,装配式建筑至少不会比现浇建筑贵。我国目前劳动力成本相对不高,装配式建筑减少的用工成本不多,无法抵消结构连接等环节增加的成本。

(3)"脆弱"的关键点　装配式建筑的结构连接点属于"脆弱"的关键点。

这里,"脆弱"两个字之所以打引号,不是因为其技术不可靠,而是强调对这个关键点在制作、施工和使用过程中必须严肃认真地对待,严格按照设计要求和规范的规定做,禁止在关键点砸墙凿洞。因为,结构连接点一旦出现问题,可能会发生灾难性事故。

这里举几个国内工程的例子:有的工地钢筋与套筒不对位,工人用气焊烤钢筋,强行将钢筋弄弯;有的预制构件连接节点灌浆不饱满;有的预制构件灌浆料孔道堵塞,工人凿开灌浆部位塞填浆料以上做法都是非常危险的。

(4)人才匮乏问题　我国大规模推广装配式建筑,最缺的就是有经验的技术人员、管理人员和技术工人。

10.2.4 装配式建筑咨询工作特殊性

装配式建筑工程的咨询管理工作在许多方面与现浇混凝土工程一样,但也存在一些不同之处,主要表现为以下几点。

(1)咨询管理的范围扩大　咨询管理范围外延,从施工工地外延至部品部件制作工厂和工厂供应商,主要包括(不限于):

① PC 构件工厂。

② 为 PC 构件工厂提供桁架筋、钢筋网片等钢筋加工厂。

③ 集成式厨房工厂。

④ 集成式卫生间工厂。

⑤ 整体收纳工厂。

⑥ 其他部品工厂。

(2)依据的规范增加　除了依据现浇混凝土建筑所依据的所有规范外,还增加了如下规范(不限于):

① 关于装配式混凝土建筑的国家标准《装配式混凝土建筑技术标准》(GB/T 51231—2016)。

② 关于装配式混凝土建筑的行业标准《装配式混凝土结构技术规程》(JGJ 1—2014)。

③ 关于灌浆套筒的行业标准《钢筋连接用灌浆套筒》(JG/T 398—2019)。

④ 关于套筒灌浆料的行业标准《钢筋连接用套筒灌浆料》(JG/T 408—2013)。

⑤ 关于灌浆材料的国家标准《水泥基灌浆材料应用技术规范》(GB/T 50448—2015)。

⑥ 关于装配式钢结构建筑的国家标准《装配式钢结构建筑技术标准》(GB/T 51232—2016)。

⑦ 关于钢筋机械连接的行业标准《钢筋机械连接技术规程》(JGJ 107—2016)。
⑧ 关于预应力钢筋的国家标准《预应力混凝土用钢绞线》(GB/T 5224—2014)。
此外，一些省市还制定了关于装配式建筑的地方标准。

（3）安全咨询的增项　在安全咨询方面，主要增加了以下内容：
① 工厂构件制作、搬运、存放过程。
② 构件从工厂到工地运输过程。
③ 构件在工地卸车、翻转、吊装、连接、支撑等。

（4）质量咨询管理的增项
① 工厂原材料和外加工部件、模具制作、钢筋加工等。
② 套筒灌浆抗拉试验。
③ 拉结件试验验证。
④ 浆锚灌浆内模成孔试验验证。
⑤ 钢筋、套筒、金属波纹管、拉结件、预埋件入模或锚固。
⑥ 预制构件隐蔽工程验收。
⑦ 工厂混凝土质量。
⑧ 工地安装质量和钢筋连接环节（如套筒灌浆作业环节）质量。
⑨ 叠合构件和后浇混凝土的混凝土浇筑质量等。

（5）咨询管理方式的变化
① 装配式建筑的结构安全有不同于现浇结构的"脆弱"点，需要增加旁站。
② 装配式建筑在施工过程中一旦出现问题，能采取的补救措施较少，咨询管理工作难度提高，对咨询管理预先发现问题的能力要求更高。
③ 装配式建筑施工规范还不够全面和细化，咨询管理工作需要更多地去积累经验和完善。

10.2.5　装配式建筑咨询工作主要内容

装配式建筑的咨询工作内容除了现浇混凝土工程所有咨询管理工作内容之外，还包括以下内容：
① 搜集齐全关于装配式建筑的国家标准、行业标准和项目所在地的地方标准。
② 在本企业已有的装配式建筑咨询管理细则和工作程序基础上，对项目出现的新工艺、新技术、新材料等，编制咨询细则与工作程序。
③ 应甲方要求，在甲方选总承包、设计、制作、施工企业时，提供技术性支持。
④ 参与组织设计方、制作方、施工方的协同设计。
⑤ 参与组织设计交底与图纸审查，重点检查预制构件图，各个专业、各个环节预埋件、预埋物可能存在的遗漏或"撞车"。
⑥ 对预制构件工厂进行驻厂管控，全面管控构件制作各环节的质量与安全。
⑦ 对装配式建筑安装进行全面管控，管控各作业环节的质量与安全。
⑧ 组织工程验收。

10.2.6　全过程工程咨询服务机构应具备的条件

全过程工程咨询服务机构除了应依法取得相应企业资质外，从事装配式建筑工程的咨询管理工作还应具备以下条件：

① 最好从事过装配式建筑工程咨询业务，有实际业绩。但在装配式建筑开展初期，具备这样条件的咨询企业比较少。

② 如果全过程工程咨询服务机构没有装配式建筑的咨询业绩与经验，可以同有业绩和经验的全过程工程咨询服务机构合作，或者聘用有经验的全过程工程咨询服务总负责人，没有装配式建筑经验的咨询人员应当接受装配式建筑咨询业务的专业培训。

③ 在运用 BIM（建筑信息模型）进行全链条管理的项目中，咨询人员应当熟悉并能应用 BIM 技术。

④ 企业内部应制定装配式建筑全过程各个环节的咨询细则与工作程序。

10.2.7　全过程工程咨询服务总负责人和咨询人员应掌握的装配式建筑知识

装配式建筑咨询人员包括全过程工程咨询服务总负责人、驻厂咨询和施工现场咨询，这些咨询人员不仅要掌握咨询基础业务知识和传统现浇建筑的相关知识，还应按管理范围掌握相应的装配式建筑知识。

（1）各级咨询人员都应当掌握的装配式建筑基本知识

① 装配式建筑国家标准《装配式混凝土建筑技术标准》(GB/T 51231—2016)、行业标准《装配式混凝土结构技术规程》(JGJ 1—2014)和其他标准中关于材料、制作和施工的规定。

② 装配式混凝土建筑的预制构件及适用结构体系。

③ 装配式建筑构件连接的基本知识，特别是套筒灌浆基本原理。

④ 装配式建筑图纸会审和技术交底的要点。

（2）驻厂咨询应掌握的构件制作知识

① 构件制作工艺基本知识。

② 构件制作方案审核的主要内容。

③ 驻厂咨询的工作内容与重点。

④ 构件制作原材料、部件基本知识和咨询要点。

⑤ 三项试验的规定与套筒灌浆试验方法。

⑥ 模具基本知识和咨询要点。

⑦ PC 构件装饰一体化基本知识和咨询要点。

⑧ 钢筋加工基本知识和咨询要点。

10.2.8　图纸会审与技术交底

装配式建筑图纸会审与技术交底的内容与现浇建筑有所不同，咨询人员参与时应注意以下方面。

（1）图纸会审要点

① 拆分图、节点图、构件图是否有原设计单位签章。有些项目拆分设计不是原设计单位设计出图，这样的图样及其计算书必须得到原设计单位的复核认可签章，方可作为有效的设计依据。

② 审核水电暖通装修专业、制作施工各环节所需要的预埋件、吊点、预埋物、预留孔洞是否已经汇集到构件制作图中，吊点设置是否符合作业要求。避免预埋件遗漏需要各个专

业协同工作，通过 BIM 建模的方式将设计、制作、运输、安装以及以后使用的场景进行模拟；做到全流程的 BIM 设计与管理，从而有效地避免预埋件的遗漏。

③ 审核构件和后浇混凝土连接节点处的钢筋、套筒、预埋件、预埋管线与线盒等距离是否过密，过密的话将影响混凝土浇筑与振捣。

④ 审核是否给出了套筒、灌浆料、浆锚搭接成孔方式的明确要求，包括材质、力学、物理性能、工艺性能、规格型号要求，灌浆作业后应满足不得扰动或负荷的时间要求。

⑤ 审核夹心保温板的设计是否给出了拉结件材质、布置、锚固方式的明确要求。

⑥ 审核后浇混凝土的操作空间是否满足作业要求，如钢筋挤压连接操作空间的要求等。

⑦ 审核是否给出了构件堆放、运输支撑点的位置，捆绑吊装的构件捆绑点位置，构件安装后临时支撑位置与拆除时间的要求等。

⑧ 对于建筑、结构一体化构件，审核是否有节点详图，如门窗固定窗框预埋件是否满足门窗安装要求。

⑨ 对制作、施工环节无法或不宜实现的设计要求进行研究，提出解决办法。

（2）技术交底内容

① 设计对制作与施工环节的基本要求与重点要求。

② 制作和施工环节提出设计不明确的地方，由设计方答疑。

③ 装配式建筑常见质量问题在本项目如何预防的措施。

④ 装配式建筑关键质量问题在本项目如何预防的详细措施。

⑤ 构件制作与施工过程中重点环节的安全防范措施等。

10.2.9 装配式建筑驻厂咨询管理

驻厂咨询管理的重点主要包括以下 8 个方面。

（1）准备阶段

① 参与图纸会审：由于高层 PC 结构属于新技术，不如现浇混凝土结构及钢结构设计成熟，设计人员在设计方案制定过程当中应与制作方、施工方交流探讨，吸取经验，使得设计方案不断优化和完善。在图纸会审时，对涉及结构安全的问题，应从设计角度来解决，做到事前控制，利于现场安装和质量保证。

② 审核构件制作的技术方案，熟悉构件制作流程，制定驻厂咨询细则，明确咨询工作流程，为后续咨询工作奠定基础。

（2）对工厂构件制作涉及结构安全的主要原材料进行重点检查，见证取样，跟踪复试结果。涉及构件结构安全的主要原材料有钢筋、水泥、砂子、石子、套筒、连接件、吊点和临时支撑的预埋件等。

（3）构件制作工厂大都拥有混凝土搅拌站，混凝土材料自产自用。这就要求驻厂咨询按设计和规范要求重点检查混凝土配合比、留置试块情况，还需要有资质的实验室对混凝土单位进行试验，跟踪试验结果，保证混凝土强度。

（4）重点检查连接内外叶板及保温板的拉结件锚固深度、数量设置、位置定位是否符合设计计算的要求，保证夹心保温与内外叶板形成有效、安全可靠的连接。

（5）隐蔽工程验收重点检查套筒定位、钢筋骨架绑扎及钢筋锚固长度，保证装配式建筑构件自身的结构安全和竖向结构连接的安全。

（6）套筒灌浆是装配式建筑中最重要的环节，因此套筒灌浆的拉拔试验是驻厂咨询最重要的工作之一，要求驻厂咨询旁站，审核试验结果。

（7）预埋件隐蔽验收，重点检查吊点位置，否则会直接影响施工吊装安全；还要重点检查支撑定位，支撑定位直接影响构件固定及校正，从而保证施工安全。

（8）混凝土浇筑完成后，驻厂咨询重点检查混凝土养护，跟踪混凝土试验结果，控制构件实体强度，以此确定拆模、运输、吊装的时间，从而保证构件自身的结构安全。

10.2.10 全过程工程咨询服务机构对装配式建筑管控的要求

（1）全过程工程咨询服务机构应对装配式建筑的预制、安装和连接施工过程进行控制。装配式建筑通常包括预制构件的加工制作、构件的运输和吊装、构件的存放与保护、构件的安装和连接施工、混凝土浇筑施工、外墙板接缝防水施工、室内装修等工序过程。全过程工程咨询服务机构应对装配式建筑的预制、安装和连接施工过程采取巡视、旁站等方式进行控制。

（2）全过程工程咨询服务机构应根据装配式建筑特点，对预制构件的加工制作，构件的运输和吊装、构件的存放与保护、构件的安装和连接施工、混凝土浇筑施工、外墙板接缝防水施工、室内装修等生产和施工过程中专业性较强、危险性较大和要求编制专项施工方案的分部分项工程编制咨询实施细则。

（3）全过程工程咨询服务机构应审查预制构件生产单位和施工单位申报的装配式建筑质量验收划分方案，并按照验收规范的要求进行检查验收。装配式建筑质量验收划分方案是指单位（子单位）、分部（子分部）、分项、检验批的划分方案。划分方案应符合《建筑工程施工质量验收统一标准》(GB 50300—2013) 及其他标准的有关规定。

装配式建筑分项工程可按楼层、结构缝、平立面基本单元或施工段划分检验批。对于装配式建筑现场施工中涉及的钢筋绑扎、混凝土浇筑等内容，应分别纳入钢筋、混凝土、预应力等分项工程进行验收。

对于装配式建筑现场施工中涉及的室内装修、设备管线等内容，应分别按照室内装修、设备管线等分部或分项工程的验收要求执行。

（4）全过程工程咨询服务机构应依据建设工程咨询合同约定及装配式建筑特点进行施工合同管理，处理工程暂停及复工、工程变更、索赔及施工合同争议、解除等事宜。

（5）全过程工程咨询服务机构应配备具有装配式建筑工程咨询业务能力的人员、检测设备和工器具，进入预制、施工现场开展咨询工作。根据装配式建筑的特点，咨询企业应对咨询人员进行相关业务知识培训；全过程工程咨询服务机构应对预制构件生产和施工单位进行咨询工作交底。

（6）全过程工程咨询服务机构应审查装配式建筑预制构件生产单位和施工单位的生产能力、设备能力、质量管理体系、安全生产管理体系、试验检测能力等。全过程工程咨询服务机构审查预制构件生产单位和施工单位生产能力主要包括：生产和施工单位的营业执照、企业资质等级证书、安全生产许可文件，生产设备能力、试验检测器具配备、类似工程业绩，专职管理人员、试验检测人员和特种作业人员的资格。

质量管理体系主要包括：施工单位应建立健全并运行的工程施工质量控制的目标体系；质量控制的业务职能（部门）分工；质量控制的基本制度和主要工作流程；质量计划或施工

组织设计文件，质量控制点及其控制措施；机械设备和试验、测量仪器的质量保证措施；质量控制的内外沟通协调及其运行措施；等等。

安全生产管理体系主要包括：施工单位应建立健全并落实的工程安全生产管理目标；安全生产管理制度；安全生产责任制；安全生产专职管理人员及其岗位责任；安全生产专用资金或措施费；安全教育培训制度；施工过程控制和危险源控制；安全检查；纠正措施和事故应急救援方案；安全改进和安全资料收集；等等。

（7）全过程工程咨询服务机构应熟悉工程设计文件和装配式建筑预制、安装深化设计文件，参加建设单位主持的图纸会审和设计交底会议。

（8）工程开工前，全过程工程咨询服务机构应对预制构件生产单位和施工单位进行咨询工作交底，并明确装配式建筑预制、安装、连接施工等咨询控制重点。全过程工程咨询服务机构应在工程开工前，根据设计文件明确首件预制构件、部品部件的生产工艺、质量控制要点和验收程序要求；根据现场施工情况明确现场首个样板间的施工工艺和质量控制要点、验收要求等。

10.2.11 工程质量控制

（1）全过程工程咨询服务机构应根据设计文件、工程建设标准及施工合同等对施工质量进行验收，并形成验收文件。工程质量验收应包括：隐蔽工程验收、预制构件验收、构件安装与连接验收、装配式结构工程子分部工程验收等。全过程工程咨询服务机构应按规定编写装配式建筑质量评估报告。

（2）对需要返工处理或加固补强的严重质量缺陷，全过程工程咨询服务机构应要求施工单位报送经设计单位认可的处理方案，并应对质量处理过程进行跟踪检查，同时应对处理结果进行验收。

10.2.12 工程进度控制

（1）全过程工程咨询服务机构应对装配式建筑的施工进度进行控制，在咨询规划（咨询实施细则）中明确进度控制的目标、内容、程序、方法和措施。

（2）全过程工程咨询服务机构在审查工程进度目标时，应综合考虑预制构件、部品部件的预制加工、配套、运输能力，进场堆放或周转场地，吊装设备能力等因素的影响。全过程工程咨询服务机构确定装配式建筑进度控制目标时，应根据施工合同约定并考虑工程技术实现难度，结构构配件加工、配套能力，进场堆放或周转场地，吊装设备能力和数量等因素确定进度控制目标和内容。

（3）全过程工程咨询服务机构应采用科学管理手段，监督进度计划的执行，实施动态控制。全过程工程咨询服务机构在进度控制中，应定期将现场实际进度与计划进度进行比较，并考虑经济、社会、合同等风险因素对进度目标实现可能产生的影响，对风险因素进行识别、评估并进行控制和处理。

（4）工程开工前，全过程工程咨询服务机构应要求预制构件生产单位和施工单位申报预制构件生产和安装施工的总进度、阶段性进度计划并进行审查。

（5）全过程工程咨询服务机构应巡视预制构件生产和安装施工现场施工人员、材料（构件）、部品部件、施工机械设备等资源配置情况，作业面施工情况，检查工程进度计划执行情况，监督进度计划的实施。

（6）全过程工程咨询服务机构应协调处理预制构件、部品部件在生产、运输、堆放、安装等过程中产生的进度问题。全过程工程咨询服务机构应及时协调和解决工程中不同专业、不同施工单位交叉施工及施工场地、环境影响中出现的矛盾和问题。

（7）当工程进度偏离计划目标时，全过程工程咨询服务机构应分析原因，并要求预制构件生产单位和安装施工单位采取纠偏措施；当出现严重偏差时，应向建设单位报告。

（8）全过程工程咨询服务机构应审查施工单位申报的工程延期申请。项目建设过程中，因非施工单位原因造成的工程延期，全过程工程咨询服务机构应根据施工合同约定进行审核，并与工程相关方协商一致后确定。

10.2.13 工程造价控制

（1）全过程工程咨询服务机构应对装配式建筑造价进行控制，在咨询规划（咨询实施细则）中明确装配式建筑造价控制的目标、内容、程序、方法和措施。

（2）全过程工程咨询服务机构宜根据工程特点、施工合同、工程设计文件及批准的施工组织设计、装配式建筑预制构件生产、安装施工方案对工程造价风险进行分析，提出造价目标控制及防范性对策，并在实施咨询过程中进行动态控制。装配式建筑造价控制的基本原则是把计划投资额作为造价控制的目标值，根据构件预制生产和安装施工阶段的不同特点，把装配式建筑的实际支出额与工程造价控制目标进行比较，对影响工程造价的因素进行分析和采取控制措施。

（3）全过程工程咨询服务机构应审查预制构件生产单位和施工单位申报的装配式建筑资金专项使用计划。

（4）全过程工程咨询服务机构应定期对预制构件生产单位和施工单位实际完成工作量与计划完成工作量进行比较分析，发现偏差的，应提出调整建议，及时向建设单位报告。

（5）全过程工程咨询服务机构应按施工合同约定审核预制构件生产单位和施工单位申报的工程量，签发工程款支付证书。

（6）全过程工程咨询服务机构应审查预制构件生产单位和施工单位提交的工程变更申请，处理费用索赔。全过程工程咨询服务机构应及时收集、整理有关工程费用的原始资料，为处理费用索赔提供证据。与工程相关方协商一致后，在施工合同约定的期限内签发费用索赔报审表。

（7）全过程工程咨询服务机构宜审核装配式建筑结算文件。

10.2.14 工程安全生产管理的咨询工作

（1）全过程工程咨询服务机构应将装配式建筑的安全生产管理的咨询工作内容纳入咨询规划。

（2）全过程工程咨询服务机构应编制装配式建筑危险性较大分部分项工程咨询实施细则。

（3）全过程工程咨询服务机构应核查预制构件生产和安装所使用的机械和设备（施）的安全验收手续。全过程工程咨询服务机构应对预制构件生产设备、模具等和装配式建筑所使用的吊装设备及吊具、钢筋套筒灌浆设备等安全验收手续进行核查，并形成核查记录。

（4）全过程工程咨询服务机构应审查预制构件生产单位、施工单位申报的生产、安装施工方案，重点审查预制构件生产、安装的安全技术措施是否符合工程建设强制性标准。

全过程工程咨询服务机构应巡视预制构件生产、安装施工方案实施情况，重点对预应力张拉、构件吊运、存放、安装、临时固定措施等进行检查。发现未按专项施工方案实施时，应及时要求施工单位整改并复查。

全过程工程咨询服务机构发现工程存在安全事故隐患的，应及时要求施工单位整改。情况严重时，应签发工程暂停令，并及时报告建设单位。

全过程工程咨询服务机构应在施工前对施工单位申报的装配式建筑专项施工方案进行审查，专项施工方案审查应包括下列基本内容：编审程序应符合相关规定；安全技术、环境保护等措施应符合工程建设强制性标准。

10.2.15 工程咨询文件资料管理

（1）全过程工程咨询服务机构应建立装配式建筑咨询文件资料管理制度，明确责任、专人负责。

（2）全过程工程咨询服务机构应采用计算机信息技术进行装配式建筑的咨询文件资料管理。全过程工程咨询服务机构采用计算机信息技术进行装配式建筑的咨询资料管理，有利于数据统计、网络传输、集成控制。

（3）装配式建筑工程咨询文件资料一般包括以下主要内容：

① 勘察设计、设计交底、图纸会审、工程设计变更、预制构件加工制作图、安装施工图、深化设计、建设工程咨询合同及其他合同等文件。

② 预制构件生产、安装施工单位资质（资格）、质量管理体系、安全生产管理体系、分包单位资质报审等文件。

③ 施工组织设计和预制构件生产、安装、连接施工方案、施工进度计划报审文件。

④ 工程计量、工程款支付、费用索赔及工程延期等报审文件。

⑤ 工程材料、配件、设备、预制构件、部品部件的质量证明文件、进场验收记录、抽样复验报告等报审文件。

⑥ 分项工程、分部（子分部）工程质量检查资料及工程竣工有关验收资料等文件。

⑦ 咨询规划、咨询实施细则、会议纪要、咨询月报、咨询日志、咨询工作总结等文件（包括监理的各项资料）。

⑧ 工程开工令、工程暂停令、工程复工令、通知单、工程联系单、咨询备忘录、咨询报告、工程质量评估报告等文件；工程质量或生产安全事故处理文件。

（4）装配式建筑工程验收时，全过程工程咨询服务机构应核查下列文件：

① 工程设计、预制构件制作和安装的深化设计、设计变更等文件。

② 预制构件生产、安装、连接施工方案等文件。

③ 预制构件、部品部件出厂合格证、相关性能检测报告及进场验收记录等文件。

④ 主要材料及配件质量证明文件、进场验收记录、复验报告等文件。

⑤ 预制构件生产、安装、连接施工验收记录等文件。

⑥ 钢筋套筒灌浆、钢筋浆锚搭接、水平锚环灌浆等连接的施工检验记录文件。

⑦ 预制构件生产、安装、连接施工过程的隐蔽工程检查验收文件。

⑧ 后浇混凝土、灌浆料、坐浆材料强度等检测报告文件。

⑨ 防雷、装饰、保温、防水、消防施工等验收文件。
⑩ 淋水试验、喷水试验、蓄水试验等文件。
⑪ 分项工程质量验收记录。
⑫ 装配式建筑实体检测报告。
⑬ 装配式混凝土主体结构和配套工程各分部质量验收资料。
⑭ 工程严重质量缺陷的处理方案和验收记录。
⑮ 其他文件和记录。

10.3 智慧工地

智慧工地是将智慧的理念在建筑工地进行应用，通过智能化技术手段，围绕施工过程管理，建立互联协同、智能生产、科学管理的施工项目信息化生态圈，并将此数据在虚拟现实环境下与物联网采集到的工程信息进行数据挖掘分析，提供过程趋势预测及专家预案，实现工程施工可视化智能管理，从而实现智慧建造、绿色建造和生态建造。

10.3.1 智慧工地的作用

通过工地管理可视化系统，进一步落实企业安全监管责任，提高政府、企业对工程现场的远程管理水平，加快企业对工程现场安全隐患处理的速度。政府通过出台相应法规文件推动企业完善物联网建设，并通过本系统进一步提高安全监管水平。通过政府统筹规划，协调各业务管理部门，围绕安全监管制度为核心，以物联网技术为技术手段，将科技技术力量与安全监管制度紧密结合，成立综合性省－地市级应急管理机构，实现体制创新，能够统一处置生产安全领域的各类事件。近年来各级政府纷纷发文要求进一步加强建筑施工领域企业安全生产工作，对建设工程的质量、安全、文明施工的监管提出了更高的要求。根据《国务院关于进一步加强企业安全生产工作的通知》，工地新安装塔吊应安装监控系统、新开工项目应安装施工现场在线监控系统、完善安全生产动态监控及预警预报体系等是其中重点。

10.3.2 智慧工地的技术应用

智慧工地项目按照安全监管、环境管理、视频监控、进度管控、质量安全等多个维度，并通过一个集成平台进行集中的管控处理。通过建立闭环的处理流程，实现对现场的可管、可控、可跟踪，保障问题的有效落地。具体智慧工地系统分类如表10-1所示。

表10-1 智慧工地系统分类表

模块	系统名称	描述说明
集成数据中心	数字指挥中心	基于BIM模型，展示整个项目的相关数据信息
工程模块	工程概况	详细介绍工程概况
	项目信息	详细介绍项目信息
进度模块	进度管理系统	进度管理是指与BIM模型相结合，通过进度管理将工程的各个施工情况清晰直观地展示出来
	无人机系统（含测绘模块）	通过无人机拍摄的现场模型，基于无人机的测绘、勘探、影像记录

续表

模块	系统名称	描述说明
安全模块	塔机安全监控管理系统	通过传感器实时监控塔吊运行，保障作业安全及使用规范
	吊钩可视化	在大臂前端安装高清球机，可自动追踪吊钩的运行轨迹，避免盲区作业
	边界入侵防护	越界检测算法基于计算机识别技术，配合现场摄像头，自动识别危险区域，如人员越界可立即报警，确保员工的人身安全。此算法准确率高于90%，对提高人工监管效率有极好的效果
	越界警告	
	用电监测	电气火灾监控系统（又名漏电火灾报警系统）系列产品可以对配电系统的过剩电流、短路、过温度、故障电弧等电气故障进行实时的监控、报警、记录。平台可显示监测设备的分布位置及在线状态，实时显示漏电、电压、电流、信号强度的各项数值，当超载则进行报警提醒，平台可查询报警记录
	报案巡更系统	智慧应用主要是项目流程的信息化，当前主要是通过手机实现日常巡更的管理。管理人员在平台上按照实际需求设置巡更点并可在平面图上标记，同时配置巡更路线、巡更人员等。项目人员按照所规定的路线进行巡更作业，通过扫码巡更地点的二维码来标记并可上传巡更异常的图像，平台可统计巡更路线的巡更状态及异常问题
	烟雾报警系统	实时监控各烟感探头的在线及报警状态，并通过电话、消息等方式进行提醒
人员模块	劳务实名制	通过使用劳务实名制体系，规范用工、安全用工、高效用工
	安全帽定位	清楚了解工人现场分布、个人考勤数据等，给项目管理者提供科学的现场管理和决策依据
	VR安全教育	为建筑工地劳务人员提供安全教育培训
	消费管理	消费管理采用刷卡方式实现消费、洗衣、淋浴等，提高用卡积极性及便于实现项目的物业化管理
协同模块	技术交底	项目施工人员可实时查看交底文档，指导施工作业
	智慧办公	项目人员使用移动端进行移动办公，进行线上流程化、标准化、数字化、智能化处理
报警模块	报警信息汇总	对相关作业设备、环境监控违规超标进行报警警示
环境模块	扬尘噪声监测	实时采集气象数据，监测项目施工现场环境
	降尘喷淋	根据现场的环境情况，通过降尘喷淋改善施工环境
能源模块	生活区用水用电管理	配置相关设备操作统计用水、用电量，减少用水、用电浪费
车辆模块	车辆信息统计	对车辆出入和车辆行驶安全进行管理
宿舍模块	宿舍使用情况统计	对工地宿舍使用情况进行详细统计
视频监控模块	视频监控	对整个工地情况进行全方位、无死角的实时监控

智慧工地解决方案同时兼顾施工方与监管单位的双向诉求，是解决当前工地管理难题的最佳方案，也是建筑行业"互联网+"应用的最佳典范。具体优点如下：

（1）通过建设统一的门户平台，可实现所有在建项目集中可视化管控与调度指挥。

（2）通过智能可视化平台，集中、快捷地掌握管理辖区内多个施工现场如人员、设备、施工环境、施工进度等的实时状况。

（3）建立施工过程管理的评估体系，从而推进施工质量、安全、文明信息化管理。

（4）实现企业多层级（上下级和横向部门）间，全方位的施工现场监控数据与业务信息的共享。

（5）提升建筑企业的核心竞争力，拉升品牌形象。

住建部 2003 年 11 月发布的《2003—2008 年全国建筑业信息化发展规划纲要》中指出建筑业企业的信息化要重点发展基于互联网协同建造的应用系统和建筑企业信息化的关键技术，推动标准化建设，提高建筑业主管部门的管理、决策和服务水平，实现建筑业信息化建设跨越式发展。利用信息化对建筑施工安全生产进行"智能化"监管。提升政府的监管和服务能力，更好地为企业提供服务。

第 11 章

基于技术选型的全过程工程咨询施工阶段案例

本书以高原地区某社会救助福利中心施工阶段质量、进度平衡控制方案进行分析。

质量是一个企业的生存基石，建设工程质量关系到国家经济发展和人民生命财产安全，是一个建设工程的生命体现；建设工程施工进度是一个建设工程项目的主抓手，是一个企业管理水平或建造水平的主要体现点，工程质量与进度的平衡管理历来都是建设工程项目的管理重点，也是建设工程项目科学集约化管理的探寻方向。在高原地区，这两个主要控制对象之间的深层次联系在其特殊的环境里显得格外突出，质量无法保证，进度再快也是无用之功。然而因项目的特殊背景又不可不重视工期目标，加之恶劣自然环境的不断干扰和影响，使高原地区建设工程施工过程中对质量、进度协同管理的新方法、新手段、新技术的探寻已迫在眉睫。如何有效协调二者平衡关系，避免形成翘板式管控格局是高原地区建设工程项目管理的重点和难点。在充分联动二者关系时，使施工过程中的质量和进度形成根蒂系结合并随项目的建设得到充分的保障，施工过程的实效措施化管控是取得项目质量、进度全面胜利的重点和关键。

高原地区建设工程项目因其所处的独特的自然环境和文化环境，使得高原建设工程项目在施工阶段对工程质量和进度相互制约关系、影响关系的深入分析必不可少，本案例着重分析了高原地区某社会救助福利中心建设项目施工过程的质量、进度平衡控制措施。

11.1 项目建设内容及背景

（1）项目建设内容 高原某社会救助福利中心（图 11-1、图 11-2）是由该地区民政局承担建设的，为解决当地佛学院常住老人养老及儿童教育的一项民生、维稳工程，项目资金由中央及地方财政资金组成。该项目建设内容：总床位 1000 张，其中老人床位 900 张，儿童床位 100 张，总占地面积 3.56 hm²，总建筑面积 25788 m²，其中包括老人生活用房 6 栋，儿童生活用房 1 栋，服务楼 2 栋，管理用房 1 栋，食堂 1 栋，供氧站 1 座，附属用房、门卫室等。配套建设室外道路、场地绿化等，配备住宿、康复、厨具等设施设备。项目的建设工期为 11 个月，项目总投资 14204 万元。

图 11-1　某社会救助福利中心鸟瞰图

图 11-2　某社会救助福利中心建设实景图

（2）项目建设背景　该项目地处中国西部四川境内藏区高原，其建设受到了中央以及地方各级党政机关的高度重视，为了保质保量完成这项民生项目，把每一分钱都用得明明白白，同时在建筑功能上也要保证福利院的使用需求，这就需要更好地在设计、施工阶段综合考虑工艺施工方式、材料的合理选型。作为中央以及省级政府高度重视项目，也是关系到少数民族的风俗习惯宗教项目，建造标准高、涉及单位部门杂、建造采购内容多、程序审批要求严、自然环境条件恶劣。为保证项目顺利推进并在计划工期内完成项目建设投入使用，项目的质量、进度协同管控是该项目施工阶段管理工作的核心工作，项目的建设施工管理对项目管理工作提出了前所未有的挑战，项目管理单位充分调配资源，以最先进最优的科研技术力量、人员技术力量、管控技术手段为该项目的建设添砖加瓦，确保项目质量、进度满足计划目标要求。

11.2 项目施工过程管理难点分析

该项目工程的建设受到了行政方面的严格要求，计划工期无特殊原因不得改变，确保使用方能按时入住。项目地处高原地区，平均海拔 4000 m，四季均可出现霜、雪，光照充足，年平均日照 2500 h，年平均降水量 650 mm，年平均气温 −0.16℃，极端最低气温 −36.3℃，极端最高气温 23.7℃。气候多变、气温低、空气稀薄、大气干燥和太阳辐射强烈，气温日变化的特点是升温、降温迅速。人少物稀，资源供应短缺，项目施工阶段的各项生产要素在组织、采购、运输上都需要耗费巨大的精力和时间。为顺利推动项目建设，满足各级党政机关对于该项目的工期、质量、投资、安全、合同、信息等的目标要求，对该项目质量、进度协同平衡的全过程精细化主动管控是确保项目达到预期目标的关键。因项目地较偏僻，空间上的距离和环境上的严酷使得该项目的管控不能按照常规项目进行。一般性建设项目，其实体质量和造价密不可分，与进度的协同管理强度较低，实体质量的优劣除了人为技术因素以外，造价往往决定了它的品质高低，作为常规性建设项目，其施工阶段的造价和质量之间的平衡关系是项目管理的重点内容。但作为高原建设项目，因其独特的自然环境和社会影响，在兼顾造价因素的同时，进度和质量的深层次协调和平衡管控较常规建设工程项目更加突出。同时，要在高原建造出高质量的公共建筑，除了按设计和规范要求施工，还必须从高原特殊的自然环境、气候特点出发，在施工方案选择、材料选用、机械设备与人员配置以及施工的每一工序，采取针对性的施工技术措施。

项目位于高原，气候严寒，年平均温度在 0℃以下，其中 10 月至次年 3 月气温在零下 10℃左右。4 月至 9 月气温在 −6℃到 15℃之间，长冬无夏，四季均可出现霜、雪、冰雹，6 月至 9 月降雨极为频繁。该工程总建筑面积为 25831.64 m²，各子项工程概况如表 11-1 所示。

表 11-1　子项工程概况表

子项工程	建筑面积 /m²	建筑总高 /m	层数/层	层高/m	屋面防水等级	结构类型	基础形式	抗震设防烈度	结构抗震等级
1# 行政办公用房	2152.14	16.15	3	1层 5.4，2～3层 4.5	Ⅰ级	框架	独立基础	7度	三级
2# 老年生活用房	3134.83	13.15	3	1层 4.2，2～3层 3.6	Ⅰ级	框架	独立基础	7度	二级
3# 老年生活用房	3040.49	13.15	3	1层 4.2，2～3层 3.6	Ⅰ级	框架	独立基础	7度	二级
4# 老年生活用房	4015.35	13.15	3	1层 4.2，2～3层 3.6	Ⅰ级	框架	独立基础	7度	二级

续表

子项工程	建筑面积/m²	建筑总高/m	层数/层	层高/m	屋面防水等级	结构类型	基础形式	抗震设防烈度	结构抗震等级
5#老年生活用房	3742.55	13.15	3	1层4.2，2~3层3.6	Ⅰ级	框架	独立基础	7度	三级
6#老年生活用房	3040.49	13.15	3	1层4.2，2~3层3.6	Ⅰ级	框架	独立基础	7度	二级
7#老年生活用房	3134.83	13.15	3	1层4.2，2~3层3.6	Ⅰ级	框架	独立基础	7度	二级
8#食堂	564.55	11.15	1	8.625	Ⅱ级	框架	独立基础	7度	二级
9#儿童生活用房	2039.95	9.55	2	1层4.2，2层3.6	Ⅰ级	框架	独立基础	7度	二级
10#附属用房	306.63	6.15	1	4.8	Ⅰ级	框架	独立基础	7度	二级
11#地下设备用房	383.37		1（地下）	3.3	Ⅰ级	框架	独立基础	7度	二级
连廊	240.46								

考虑到高原气温低，天气变化无常，雨、雪、冰雹等随时随地都可能出现的特点，基础、主体施工时，应特别注意天气预报，并时刻注意观察天气变化，加强施工现场与商品混凝土站的通信联络，缩短施工周期，紧密衔接各项工序。运料车和工地应备有防雨、雪、冰雹等设备设施，并做好排水工作。

高原地区施工，应当从当地自然环境和气候特点出发，找出并分析影响施工质量的重点和难点，才能创造优良工程。

为保证项目建设各阶段均按照制定的计划和目标完成，对项目质量、进度在管理工作层面上应进行兼顾联动化管控，质量、进度的平衡管控是高原地区建设工程施工过程管控的难重点，对施工技术措施的创新和研发同样起到了不可或缺之功效，激励了项目管理单位对新技术、新方法、新思路、新措施的探寻。

11.3 施工阶段质量管控措施

11.3.1 项目生产要素质量管理措施

项目生产要素的质量管理重点在于人员、机械、材料的组织和适应高原环境的施工方法的研制。人员、机械、材料在执行常规项目的相关规定以外，首先特别要注意人员对于高原地区的承受能力，项目人员应采用轮换轮休制度，保证每个人员的身心健康，同时做好两手准备，随时备有充足的各类人员，及时对高原耐缺氧性不强的人员进行更换。无论是否进行更换，对人员资格的管理必须采用制度化管理，无证无资格绝不允许入场作业，以充分保证项目人员的作业质量。其次是材料的组织采购上，应与施工进度计划相匹配，主辅材的供应时间应误差较小，可采用多方采购的方式，不局限于一地采购，项目所在地周边等各地均可进行采购，材料及时供应以确保工程作业节奏。但需特别注意，外采材料应严格执行工程关于材料入场的各项规定，严格履行材料入场检验的各种程序，保证材料的质量合格性。最后对于机械的管理，需加强机械的保养检定管理，做到常保养、常检查、常清理，对机械作业人员应充分进行操作规程的培训。

对影响施工质量的人员、材料、机械、方法和环境五大因素，在实施作业前组织各参建单位进行全面的梳理和分析，编制针对性预防措施或整改措施。对于五大因素的过程管理，应特别注意环境这一高原重点因素的持续性影响，充分考虑自然环境对施工质量的直接或间接影响，对高原恶劣的天气环境制定相应的应对措施或应急方案。

11.3.2 工程实体质量管理措施

本工程分为两段进行流水施工。A 区（1#、2#、3#、4#、10# 楼）为一施工段，B 区（5#、6#、7#、8# 楼）、C 区（9# 楼）为一施工段。每个施工段开工应为该施工段内所有楼全面同时开始施工，段内平行施工。

（1）事前质量控制　在正式施工前进行事前严格审核施工单位编制的施工质量计划，明确质量目标，督促完善施工组织设计和专项施工方案，对环境温度、天气、地下水、地质、水文、周边建（构）筑物、地上地下综合管线等进行详细的调查研究，针对这些质量影响因素制定有效的预防措施和施工方案，特别对于低温期和夏暑期，应制定应对升温或降温的有效措施。

（2）事中质量控制　对于施工过程质量控制应采取动态控制，作为项目管理机构应加强监管单位的监管控制行为，严格履行材料报审制度、过程质量检查制度、过程质量监管制度，严格督促按照审核通过的施工方案或相关规范执行。在实施过程中，加强质量控制点的过程监管，监督项目现场严格执行技术交底工作和变更程序。例如因考虑到高原地区急剧的热胀冷缩效应，对于外立面涉水工程应重点关注，出于质量安全方面的考虑，在经设计单位同意下，将外立面砖粘贴工程变更为憎水性真石漆涂装材料，在满足外立面效果的同时，提高了工程质量和安全。

（3）事后质量控制　成品质量形成后发现施工质量方面的缺陷时，项目管理机构应组织设计、监理、施工单位分析问题原因、提出改进措施并组织实施。项目管理单位应实行施工质量例会制度，对影响工程质量的潜在原因，采取预防措施，对可能出现的不合格产品制定预防措施并组织实施，对质量通病采取防治措施，定期组织施工单位对预防措施的有效性进行评价，确保工程质量始终处于可控状态。

11.3.3 基础方案选型示例

根据土质特点，土方工程开挖采用大开挖进行。按 1∶0.3 进行放坡，基坑四周各留 500 mm 宽施工操作面。基坑开挖后基底必须满足为松散卵石层。开挖基坑（槽）时，应合理确定开挖顺序、路线及开挖深度。开挖基坑（槽），不得挖至设计标高以下，在设计标高以上暂留一层 30 cm 土，以便在抄平后，由人工挖出，以保证基底不扰动和标高符合设计要求。人工修坡清底挖出的土人工运至基坑上 0.8 m 以外。机械施工挖不到的土方，应配合人工随时进行挖掘，并用手推车把土运到机械挖得到的地方，以便及时用机械挖走。在距坑底设计标高 50 cm 处修边和清底，抄出水平线，钉上小木桩，然后人工将 30 cm 厚暂留土层挖走。同时由两端轴线（中心线）引桩拉通线（用小线或铅丝），检查距坑边尺寸，确定坑宽标准，以此修整坑边，最后清除坑底土方。坑底修理铲平后，进行质量检查验收。土方开挖至设计标高后，立即组织设计、地勘、建设、质监、监理工程师进行验槽，合格后应立即进行下道工序施工。为了基坑边坡的安全及施工场地的限制，挖出的土方堆运至施工场地 200 m 以外。综上所述，工艺流程为：确定开挖顺序和坡度→分段分层平均开挖→人工修边和清底。

通过对收集到的对标项目相关资料进行分析、整理，提出地基处理工程可以用振冲碎石桩、水泥土搅拌桩两种地基处理方案进行处理；对这两种地基处理方案的技术可行性、安全可靠性、方案可行性及经济合理性进行综合分析。

（1）技术可行性　总体功能定义是：承受荷载并保持整体稳定性。进一步分析，满足总体功能需满足以下 4 个一级功能和 9 个二级功能，4 个一级功能分别为：技术合理，施工可行，对环境影响小，工期合理。9 个二级功能分别为：满足地基强度，稳定性，沉降量，符合当地地质条件，具备施工力量，具备施工经验，对邻近建筑物的影响，污染少、噪声小，污水、弃土、排污问题。

设振冲碎石桩为方案 1，水泥土搅拌桩为方案 2，通过专家打分及查阅相关资料得出各一级功能的领域权重，再对各二级功能进行比较分析确定其在上一级功能中的相对权重，最后采用四分制评价法结合专家打分法对各方案进行评分。

利用公式：功能指标得分 = 功能指标评分 × 指标权重 × 领域权重；功能系数 = 某方案功能指标得分 / 方案功能指标得分之和。最后，得出方案 1 功能系数为 0.358，方案 2 功能系数为 0.296。

（2）经济合理性　通过测算得出：

方案 1 振冲碎石桩工程成本为 69149.6 元，方案 2 水泥土搅拌桩工程成本为 70388.9 元。两个方案成本之和：69149.6 + 70388.9 = 139538.5 元。

① 成本系数。公式为：

$$成本系数 = 某方案成本 / 方案成本之和$$

得出方案 1 成本系数为 0.496，方案 2 成本系数为 0.504。

② 价值计算。公式为：

$$价值系数 = 该方案功能系数 / 该方案成本系数$$

得出方案 1 价值系数为 0.358/0.496 = 0.722，方案 2 价值系数为 0.296/0.504 = 0.587。

通过计算可以看出方案 1，即振冲碎石桩价值系数最大。

（3）安全可靠性　经勘察查明，场地土主要由第四系全新统人工堆积层（素填土）、第四系全新统冲洪积层（粉土、卵石、松散卵石层、稍密卵石层、中密卵石层、密实卵石层）组成。

建筑场地在地貌单元上是色曲Ⅰ级阶地，场地地下水类型主要为赋存于卵石中的孔隙型潜水，次之为上部填土层中的上层滞水。上层滞水主要赋存于场地上部的人工填土层底部。靠大气降水补给，埋藏较浅，以蒸发方式排泄。无统一自由水面，水量较小。

卵石为场地地下水的主要含水层。勘察期间在钻孔内测得初见地下水位 1.20～1.50 m，稳定水位 1.30～1.80 m，对应绝对标高为 3705.77～3708.22 m。地下水位与色曲的水位联系紧密，水位一般略低于色曲水位。据工程经验，该场地卵石的渗透系数 k 建议取 50 m/d。

勘察期间测得色曲水面标高约为 3708.00 m，与建筑场地目前自然地面相对高差约为

1.00 m，根据现场调查色曲河历史最高水位标高约为 3709.50 m。色曲水位最大变幅一般不超过 2 m。

根据建设单位提供的基础平面图，基础底部位于水位以下，根据色曲河目前水位，基础埋深低于水位 1 m，最深达 2.6 m，按照历史最高水位，基础埋深低于水位 2.5 m，最深低于水位 4.8 m，且整个承台垫层亦浸泡水位下。

根据场地地质情况现状，为了能够保证工期，尽快进入施工，对建筑物基础标高抬高。在现有地面标高基础上，场地开挖 50～80 cm 进行基础施工后，为避开冬季冻土对基础的影响，将在建筑物范围内现有地面标高回填 2.0～2.3 m 卵石土，考虑到回填卵石土较松散，达不到 1.8 m 的冻土埋深要求，故可将回填土进行水振冲加固处理。

综合考虑，因水泥土搅拌桩价值系数较低，且施工工艺较为复杂，先不作考虑。因此最终方案确定为振冲碎石桩。

（4）方案可行性分析　根据《建筑地基处理技术规范》（JGJ 79—2012）规定及回填范围，基础内满堂布桩示意图如图 11-3 所示。

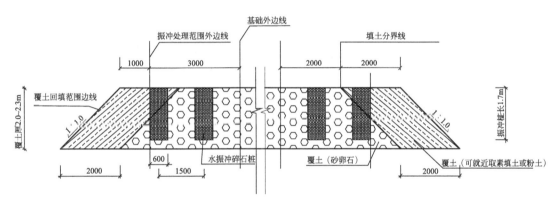

图 11-3　水振冲碎石桩示意剖面图

① 振冲碎石桩加固处理深度。

a. 本次振冲处理要求处理深度：振冲碎石桩桩径 ϕ600 mm，桩长 1.7 m；振冲碎石桩桩顶标高应高出建筑设计确定的基础埋深不小于 1800 mm。

b. 振冲碎石桩桩身材料采用卵石，其含泥量小于 5%，填料粒径为 20～150 mm。

② 振冲碎石桩加固机械。

a. 设计采用电机功率为 75 kW 的 ZCQ-75 型振冲器进行施工。

b. 振冲碎石桩加固密实电流大于 60A；桩底留振时间大于 3 min，成孔时间控制在每分钟 1 m 范围内。

③ 复合地基检测。施工质量的检验，对桩体可采用重型动力触探试验；检验深度不应小于处理地基深度，检测数量不应少于桩孔总数的 2%。

④ 关键点控制。由于本工程对复合后的地基土承载力要求较高，因此，在工程施工中应严格控制如下关键点：

a. 严格控制填料量、密实电流值和留振时间。

b. 如在施工中地质条件与地勘报告不符时，应及时通知有关单位，采取补勘等措施，并及时修正加固方案确保所加固的地基达到设计要求。

（5）施工组织

① 本工程采用项目法施工。

② 施工机具需用量计划见表 11-2。

表 11-2　施工机具需用量计划表

序号	设备名称	数量
1	ZCQ-75 型振冲器	3 台
2	辅助用具	若干
3	8t 吊车	3 台
4	运石料汽车	2 辆
5	运石料斗车	2 辆
6	电焊机、水泵电缆等配套设备	2 套

③ 材料用量见表 11-3。

表 11-3　材料用量表

序号	材料名称	单位	数量
1	中粗砂	m^3	按设计
2	砾石 2～15 cm	m^3	按设计

④ 施工时，需提供 400 kW 的电源和 20 t/d 的水源。

（6）施工方案

① 施工准备。在正式施工以前，应会同建设单位、监理和施工单位根据设计要求现场定点进行试桩，以便对设计参数进行校核，为正式施工做好前期工作。设备、材料进场，做好安装、调试、材料检验等工作。放样，划灰线，定桩位，开设泥水排放系统。

② 施工工艺参数与流程。回填至基础底标高以上不小于 1800 mm，流程为：测放振冲碎石桩位→开挖桩窝→振冲碎石桩施工→褥垫层铺设→地基检测。

测放桩位：桩位测放根据已测放的轴线及施工图进行施放，并用木桩标明桩位。开挖桩窝：用人工对已布置的桩位开挖，并布设排污水系统。机具就位：钻机就位时，振冲器对准桩位标记。

造孔：采用 ZCQ-75 型水振冲设备，造孔时水压为 200000～600000 Pa，水量为 200～400 L/min，将振冲器徐徐沉入土中，造孔速度在 1.0～2.0 m/min 之间，直至卵石层，并进入稍密卵石层深度 500 mm 以上。造孔后，边提升振冲器边冲水直至孔口，再放至孔底，重复两三次扩大孔径使桩径大于 800 mm，并使孔内泥浆变稀。

填料成桩：造孔合格后，开始填料，填料采用 20～100 mm 的卵石，卵石含泥量不大于 5%。每次填料厚度不宜大于 50 cm，将振冲器沉入填料中进行振密制桩，振密制桩时激振力为 16 kN，振动频率为 1450 r/min，振幅为 10 mm。当电流达到密实电流值 60A 和留振时间后，将振冲器提升 30～50 cm。重复造孔填料，振密直至桩体至桩顶标高以上不小于 0.50 m。

（7）关键过程控制

严格控制填料量、密实电流值和留振时间。

① 如在施工中地质条件发生变化时，或不能满足施工技术要求时，项目经理应采取相应措施，确保工程质量。

② 质检员应严格检查工程质量，特别是关键点的质量控制，及时纠正不规范的操作，并按施工技术交底的处罚措施进行处罚，并报项目经理，采取纠正措施。

③ 项目经理应随时抽查工程质量，确保施工满足技术要求，对不合格项，坚决追究相关人员的责任。

（8）质量与安全保证措施

① 质量保证措施。本工程由专业副总工程师作审定人，主任工程师作审核人，进行技术把关，由项目经理及施工工长进行现场管理。

工程开工前落实各级人员岗位责任，对各施工班组负责人做好技术交底，由各岗位人员随时掌握施工质量、进度，由项目经理不定期抽查执行情况。

原材料按有关规定进行抽样送检。

严格各工序间的交接工作。上一道工序未经验收合格不得进入下一道工序施工。检验不合格者应返工。对无视工序质量者应作出相应处罚。

施工现场遇特殊情况应及时上报公司领导，以便及时解决，确保施工质量。施工中应做好各种原始记录工作。

按照项目建设业主的总体安排和工程进度要求，在基础及振冲完成后，即进入冬歇期。除了对施工完成的工作进行必要的保护外，重点应满足基础工程的防冻及抗冻要求。所以，基础回填材料应选用毛细孔少的填筑材料，基槽、坑内及大开挖的混凝土基础周边先行填筑毛细孔少的砂卵石，然后再进行基础防冻振冲。

② 安全保证措施。运输车及各类机械操作员实行定位定员，严禁串岗、脱岗；机电设备均由具有特殊工种操作证的人员进行操作；各种机电设备检修、维护时应停电、停运转，如要试运转，具有针对性的保护措施；现场的起重设备，经常进行安全检查，对垂直提升设备的钢丝绳、导轨、滑轮等易磨损的提升部位更应注意维护检修；施工人员进入现场必须戴安全帽，做好安全防火工作，所有临建工棚及施工现场按规定设置灭火器材；安全规范用电，专人管理、持证上岗；定期维护施工机械，保证其完好性，防患于未然；夜间施工有足够的照明设施，泥浆池、沉淀池、水池及桩孔进行安全围蔽。

安全保障组织机构示意图如图 11-4 所示。

图 11-4 安全保障组织机构示意图

11.4 施工阶段进度管控措施

对于本项目工程的施工阶段进度管控措施，应充分重视项目开工前施工单位报审的施工进度计划表或工期倒排计划表，进度计划表应至少细化至分项工程，并要求按照年、季、旬、月、周及时准时报审。项目管理机构应重点审核工程涉水工程的作业时间，要求施工单位将项目涉水工程项目尽量安排在冬歇期以外的时间段集中完成，冬歇期可安排金属作业或木作业项目。要求施工单位精心安排，充分考虑高原地区天气环境情况的影响，同时也要深刻理解项目行政相关要求。因项目背景特殊，其工期计划一经审核确定，不得轻易更改，如有更改必须要有充分的说服性理由，否则务必要在计划工期内完成项目建设工作。对于项目的进度管理，在结合高原不稳定天气状况来严格审核施工进度计划时，应重点审核工序计划，确保重点工序在 5 月至 8 月期间实施，以确保工程质量。进度计划在满足工序质量要求时也要满足工期方面的行政要求，必须协调好工序与进度计划的关系，确保项目现场充分形成流水施工，避免损失宝贵的优质施工期。

项目地址地处少数民族聚集地，人烟稀少，项目现场施工人员从管理到技术，以及作业人员大量从其他地区引入，同时，选拔人员的时候也要着重考虑人员的身体情况。对于项目人员的心理情况要多给予关注。高原地区条件艰苦、气候恶劣、缺氧、劳动能力都是影响工程质量的关键因素，所以对于人员的管理与关心也是质量管理的重点。

在材料选项上，因高原地区恶劣的自然环境，对于建筑材料耐久性、耐腐蚀性、耐温变性的性能必然较平原地区要求更高。在材料类型和品牌的选择上必须要求采用能满足高原自然环境慢性销蚀的建筑材料，以达到各分部分项工程的设计使用年限；另外，高原地区各项工程资源的严重匮乏，导致除了商品混凝土、砂石等材料以外大部分材料都需要从平原地区转运到场，因空间距离的关系，材料运输路程较长，路况复杂，导致施工成本控制和材料损耗控制难度较大，特别是非标订制产品更要严格把握时间控制，做好应急预控。对于到场材料的入场抽检、入库检测、出库复查等必须严格执行，以满足设计要求，保证工程质量。

高原地区冬夏季较长，春秋季较短，其高低温的环境温度经常性转换对于施工机械的磨损大，精度影响大，应加强机械、仪器仪表的保养管理工作。

在施工方案和方法上，例如项目现浇结构混凝土浇筑、大方量混凝土浇筑方案、混凝土振捣与养护、砖结构砌筑、楼地面分部工程、屋面分部工程、墙地砖粘贴工程、抹灰工程、腻子工程、墙面漆工程等主要涉水分部分项工程的施工质量因环境温湿度的影响受到了严峻考验。涉水分部分项工程主要体现在地基基础工程、主体工程、重要装饰装修工程等重点部位上，其关乎建筑工程最重要的结构安全，所以施工方案、施工技术、作业指导书的编制必须要契合当地水文地质、温差变化等条件，避免出现较大的质量缺陷。

从项目所处环境上分析，高原的特殊性天气在无法充分观测掌握的情况下，应该制定相应的应急措施和管理办法，以使天气的变换对施工质量的影响降到最低。

在材料方面，高原地区资源有限，当地物质不能满足工程需要，并且价格高、质量差，大部分材料从外地采购，对于路途的时间安排，一定要充分考虑，很多材料需要建设方与监理方选样或成品购买，或订制加工，必须充分考虑材料运输周期。

高原施工环境，除了自然环境的预留准备，还应考虑项目能源，比如停电、发电机的考虑等。在平原很正常的施工情况，因为地理的特殊性，都要以特殊情况考虑。

比如在项目最后装饰装修阶段，桑拿板安装工程总工程量为 26000.00 m^2，截止完工要求一个月只完成工程量 480.00 m^2，未完成工程量 25520.00 m^2，剩余工程量大，工序繁杂，交叉作业多，加之温度急剧下降。为确保赶在高原冬天到达前达到入住条件，必须抢工。施工现场安装工人 17 人，远不能满足施工进度要求。有三个方案；方案一，足额配置工人，但是邻近冬天停工期，高原务工人员已经陆续返程；方案二，增加安装大工，小工足额配置；方案三，节约人力成本，全部采用小工。综合以上三种方案，从保证质量与工期角度，选择方案二，这样成本也是最经济的。正是因为采用此方案，工程得以顺利全面完工。

对于本项目工程施工阶段的进度管理，在充分审查进度计划的基础上，采取经常性实际与计划对比，在产生进度偏差时，及时采取增加人力、及时组织材料到场、增加机械作业、加班加点等方式纠正偏差。进度纠偏措施中加班加点的方式应慎重考虑或采用倒班制，切忌不能同一班组连续施工，否则作业人员会因无法承受缺氧环境的高强度工作产生身体不适或造成其他严重后果。高原地区进度纠偏应将重心放在增加人力、增加作业机械、充足现场材料等方面，对于施工现场应进行一些人力、物力的储备工作，以满足项目施工进度计划的要求。

总体来说，高原地区建设工程项目在施工阶段的进度控制措施大致为组织措施、管理措施、经济措施、技术措施。

（1）进度控制的组织措施　项目管理机构应在施工过程中督促各参建单位健全完善各自项目管理组织体系，严格按照相关文件审查施工单位组织机构及现场人员，重点审查项目经理、项目技术负责人、质安检人员、测量员、特种作业人员，并对其严格进行考勤制度。每周或每两周组织一次项目进度协调会，采用专题会议的形式对项目进度和各参建单位进行组织和协调，会议应明确参会人员、召开时间、文件的管理等。成立项目专门的人力调配中心，主要负责管理人员、技术人员、作业人员的组织工作，对人员采用轮换制度，以保证项目人员工作精力的鲜活度和充沛度。

（2）进度控制的管理措施　管理措施涉及多个方面，包括管理的思想、方法、手段，承发包模式、合同管理、风险管理等，在本项目工程上对于进度控制的管理措施着重体现在承发包模式、合同管理和风险管理上，一个适宜的承发包模式可以有效提高项目建设效率，并且也可明确责任的划分和责任的承担。本项目工程采用施工总承包牵头的 EPC 承发包模式，该模式的采用可减少设计单位、施工单位之间因程序问题而导致流程较长，问题无法及时处理的情况。设计、施工单位共同对施工进度负责，设计单位的工作进度由施工总包负责督促和落实，使得常规项目冗长的处理流程集约化，节约了对接时间，提高了工作效率，进而缩短了项目的建设时间。同时对合同的有效管理，对影响进度的风险的准确预测均切实提高了项目的施工进度，达到项目进度计划和行政要求。

（3）进度控制的经济措施　经济措施涉及资金需求计划、资金供应的条件和经济激励措施等，本项目工程在严格审查施工单位编制的与进度计划相适应的资源需求计划的基础上，对作业工人采取了现金奖金激励策略，切实提高了项目作业人员的积极性，确保了项目进度计划的有效实施。

（4）进度控制的技术措施　施工方案对工程进度有着直接的影响，在编制审核施工方案时，不仅需要分析技术的先进性和经济合理性，还要考虑其对进度的影响、天气状况对施工方法的影响、自然条件对施工节奏的影响。在进度受阻时，组织项目参建各方认真分析施工技术的影响，看是否需要改变施工技术、施工方法、施工机械或增加施工措施。

11.5　施工阶段质量管控和进度管控平衡措施

（1）项目质量进度管理　本项目工程因建设体量较大，工期紧张，又加之高原特殊环境的影响，一年中有效的施工期为 7 到 8 个月，主要集中在 4 月至 10 月间，优质施工期为 4

个月，主要集中在 5 月至 8 月，所以项目的建设工期在行政要求下显得更加紧迫，如果不提前计划好建设进度、资源供应节奏、施工步序安排等，很难在保证质量的前提下按时完工并交付使用。质量和进度本身就是既统一又独立的管控对象，在建设过程中均要统筹兼顾。本项目工程除了质量、进度本身的统筹协调以外，自然环境对其造成的冲击式影响导致项目的质量、进度平衡工作异常艰难且充满挑战，项目明确抢进度不能丢质量，保质量不能弃工期，在计划的时间为藏区人民建造一个质量合格的福利供应单位，以满足藏区人民对美好生活的向往。

（2）质量、进度平衡措施　针对本项目工程抓进度同时要保质量的项目管控原则，本项目工程应严格做到事前、事中、事后的过程控制工作，并采用动态化协同管理机制，有效结合质量、进度关系点，并采取一系列针对性措施协调质量、进度之间的深层次关系，确保项目在计划工期内完成建设工作的同时达到项目质量目标。

① 质量、进度事前管理平衡措施。

a.事前控制重点审查施工单位编制的施工进度计划、资源供应计划、分部分项工程质量计划、分部分项工程施工方案或专项施工方案。计划和方案的编制务必考虑高原地区恶劣自然环境的影响，针对冰雪天气、狂风天气、炎热天气等极端天气制定确保质量、工期的专项应对措施，对耗时工序应充分考虑时间效应。

b.充分审查施工单位编制的材料供应计划、人力组织计划、机械管理计划、质量管理体系、进度管理体系、项目部组织架构体系。

c.严格审核施工单位人员资格证书、材料入场质量证明文件、特种作业人员资格证书、机械设备质量证明文件等并建立台账，对管理台账根据现场具体情况及时更新。

d.严格督促施工单位项目技术负责人对项目实施人员按照规定完成书面技术交底工作并且明确施工重点、难点和注意事项。

e.组织各参建单位认真研究图纸，充分理解设计用途，认真研究地勘报告，对工程项目所在地地质水文条件充分掌握，会同地勘、设计、监理、施工单位共同对环境不利条件进行分析并制定相应措施。

f.慎重对待设计变更，设计变更导致施工方案变更应及时要求施工单位补充报审，并督促施工单位项目技术负责人在实施前完成对作业人员就变更的书面技术交底工作。

g.图纸会审期间，因充分考虑高原环境对建筑材料耐久性的影响，督促设计单位考虑适应于高原地区的装饰装修材料。

② 质量、进度事中管理平衡措施。

a.在施工过程中，应时刻注意工期计划与工序实施的契合度，如有偏离应及时组织各参建单位分析偏离原因并采取措施及时纠偏，每周召开质量进度专题会议以协调质量、进度之间的关系，并时刻掌握项目质量、进度综合情况。

b.在地基基础及主体施工阶段，当发生质量与进度冲突时，项目现场应以质量为准，适当放缓进度，确保工程质量，在后续装饰装修阶段采取赶工措施挽回损失的工期。

c.混凝土浇筑工程施工、墙地砖粘贴工程施工、屋面工程施工、楼地面工程施工、抹灰工程施工、腻子工程施工、墙面漆工程施工等应安排在最佳施工期进行。混凝土浇筑工程施工前应督促施工单位制定混凝土供应计划和混凝土施工方案，尽量少设置施工缝，提前联络好商品混凝土站，确保浇筑过程中混凝土供应充足，尽量将间歇时间减少到最小，在混凝土浇筑前根据当期气温和天气状况提前采用试验明确外加剂添加剂量、坍落度等施工参数。在天气炎热期，混凝土浇筑完成后应振捣充分，并在抹面后立即采用麻袋覆盖并洒水养护，增加洒水次数，控制内外温差，避免出现裂缝等质量缺陷。墙地砖粘贴工程，室外部分应根据天气状况采用集中力量进行施工，室外部分应大规模增加作业人员，快速施工，尽快完成，室内部分应调换施工顺序，先行安装门窗工程，门窗关闭可起到保温避风的作用，确保室内温度。同时采用区段临时封闭措施，辅以多盏太阳灯以始终保持作业温度在5℃以上，安排专人对室内作业区域温度进行监控，如温度不能达到施工要求应增加太阳灯数量，若还不能满足应立即将完成的部分覆盖并立即停止施工，抹灰工程、腻子工程参照墙地砖粘贴工程的施工方法。

d. 在各分部分项工程实施前，严格执行首段验收制和样板验收制，在充分进行验收且工程质量达到质量合格要求下再组织大量人力、物力进行大规模实施，在保证工程质量的基础上以最大限度地缩短工序时间，满足进度计划要求。

e. 对隐蔽工程严格执行验收合格轮转制度，未经验收合格不得进入下一道工序。隐蔽工程施工阶段，现场管理应着重于工程质量，对于项目进度应要求施工单位加大资源供应或采取经济奖励措施，但不得以工期为借口，降低隐蔽工程的质量。

f. 在施工过程中现场管理应抓大放小、抓主放次，牢牢把握项目关键线路上的关键工作，对于其他细枝末节的部分可适当放宽标准。

g. 每周组织各参建单位将进度计划和实际进度进行对比分析，跟踪检查进度计划执行情况并及时向建设单位汇报。

③ 质量、进度事后管理平衡措施。

a. 及时跟踪进度和质量成果情况，发现问题及时组织设计、地勘、监理、施工单位共同研究处理。

b. 质量、进度的平衡应分阶段进行，在关键工作阶段应以质量为首，进度为辅，在非关键工作阶段应以进度为首，质量为辅。

c. 严格执行验收制度、设备试运行制度，未经验收合格不得投入使用，设备未经试运行合格，不得投入生产或运行。

d. 严格质量事前、事中控制和管理，尽量少地出现返工返修等情况，成品质量一次合格、一步到位，可大幅度提高工程进度，避免工期浪费。

通过该高原社会救助福利中心项目对质量、进度间相互关系的深层次挖掘，对质量、进度的实际管控情况地分析可知，高原地区工程建设项目的质量和进度关系较常规项目更加紧密，在兼顾造价因素外，对于高原地区的建设工程项目还应着重对工程质量和进度间的协调关系进行管理，充分考虑自然环境对于项目质量、进度的巨大影响，深刻认识高原建设工程项目质量和进度制约关系。通过该项目工程质量、进度的管控实施，从而探索出高原地区建设工程项目的管控重点，发掘管控对象间的相互联系和制衡关系，通过探寻和分析，找到高原建设工程项目行之有效的科学管控标准和管控方法，以确保高原项目在达到质量目标的前提下顺利地在计划工期内完成建设任务，为高原地区人民交出一份满意的答卷。

参考文献

[1] 陈金海，陈曼文，杨远哲，等．建设项目全过程工程咨询指南［M］．北京：中国建筑工业出版社，2018．

[2] 杨卫东，敖永杰，翁晓红，韩光耀．全过程工程咨询实践指南［M］．北京：中国建筑工业出版社，2018．

[3] 胡勇，郭建淼，刘志伟．全过程工程咨询理论与实践指南［M］．北京：中国电力出版社，2019．

[4] 蔡志新．全过程工程咨询实务指南［M］．广州：华南理工大学出版社，2018．

[5] 曾金应．全过程工程咨询服务指南［M］．北京：中国建筑工业出版社，2020．

[6] 季更新．全过程工程咨询工作指南［M］．北京：中国建筑工业出版社，2020．

[7] 刘辉义，李忠新，张文勇．全过程工程咨询操作指南［M］．北京：机械工业出版社，2020．

[8] 吴玉珊，韩江涛，龙奋杰，等．建设项目全过程工程咨询理论与实务［M］．北京：中国建筑工业出版社，2018．